子どもの心をつかむ！指導技術

「ほめる」ポイント「叱る」ルール「認める」心得

南 惠介 著

明治図書

はじめに

「ほめる」「叱る」そして、「認める」

この三つの関わりで子どもたちは、安心し、適切に伸びていく。

20数年教壇に立ち、何千もの子どもたちに真摯に関わり続けた今、実感しています。

本書では、子どもたちを愛し、大切にしている先生方の思いが、行為や技術となって伝わるようにと書き始めました。

教師の子どもへの言葉がけは、多くの場合「ほめる」ことと「叱る」ことに集約されています。

若い先生だけでなく、ベテランの先生まで「何をどのようにほめ、どのように叱ればいいのか」に頭を悩ませているようです。

私自身は、教育行為の全ては「技術」だととらえています。

「技術」は方法が分かり、コツを掴めば誰でも習得することができるものです。

しかし、その「技術」の裏には、その人の教育観や子どもに対する見方や考え方が実は隠されています。

この本では、どのようにほめ、叱るかだけでなく、その裏側にある教育観や子どもに対する見方、考え方も同時に示しました。

自分の教育観などに照らし合わせながら読んでいただければ幸いです。

この本のタイトルは『「ほめる」ポイント「叱る」ルール　あるがままを「認める」心得』です。

認めること――そもそも人間が育ち生きていく根っこには「認められる」経験が必要不可欠だと考えています。

本書では、「ほめること」「叱ること」のベースになる「認めること」について、例を挙げながら論を述べさせていただきました。

子どもたちの顔を思い浮かべながら読んでいただき、少しでも先生方、いやその目の前にいる子どもたちの幸せにつながることを望んでいます。

著者　南　惠介

もくじ

第3章 子どもが変わる「叱る」ルール

第4章

子どものあるがままを「認める」心得

第1章

「ほめる」「叱る」そして「認める」が指導の極意

子どもを育み伸ばすための「ほめる」はサプリメント、「叱る」は薬、そして「認める」は日常の食事のようなものだと考えています。指導の極意、想いを伝えます。

「ほめる」「叱る」「認める」のバランス

「目の前の子どもたちを伸ばしたい。」

おそらく、全ての教師がそう願い、そのために日々悩みながら教壇に立っています。

教師は、基本的に「言葉で勝負」する職業です。

私たちの口から出てくる「言葉」が、子どもたちの人生を左右することさえあります。

ただ、日常的な子どもとの関わりの中で、ほめることや叱ることがどれくらい意識されているのでしょうか。

「よいことをしたからほめた」「悪いことをしたから叱った」というシンプルな理由は、確かに真っ当で、そしてその行為に対しての効果はありますが、もう少し意図をもって「ほめる」「叱る」を使いこなすことで、効果がもっと高くなると思うことがあります。

例えば、「ほめる」と「叱る」の割合をどれくらい意図して使われているでしょうか。

10年位前の私の学級経営の作戦ノートを見ると「ほめること7割　叱ること3割」と書かれてあります。今のバランスでいえば、学年当初でいえば、「ほめること6割　叱ること1割　その他3割」という感じになるでしょうか。

バランスが変わったのは、授業の組み立て方や指導技術の向上、年齢やキャリアに応じた子どもの見取り方の変化、教育観の変化というものがその要因です。

ただ、はっきり言えるのは、「どのようにほめ、どのように叱るのか」「何をほめ、何を叱るのか」が、子どもたちの日常を形づくっていくということです。

また、子どもの自尊感情や自己肯定感が下がり、その低さが、学力の低下や問題行動の増加を引き起こしているとも言われています。

それなら叱ることを中心に指導を組み立てるよりも、ほめることを中心に指導を組み立てた方が合理的でしょう。そして、一人もほめることがなく、全員が叱られる状況なんてそんなにありません。

叱る暇があれば、ほめればいいと思います。

もう一つ言うならば、特別な支援を要する教室の「あの子」に対する指導。

随分、周知されてきたとはいえ、まだそういう子たちに対する叱責は止みません。

「叱ればいい」「甘えているだけだ」「厳しくしつけるべきだ」

そういう非科学的な言動を聞く度に、胸を痛めます。

はっきり言い切ってしまえば、彼らに対して「叱責」は、ごくごく一時的な効果はあるかもしれませんが、長期的に見るとデメリットが大きすぎるのです。

逆に「ほめること」のメリットは非常に大きなものがあり、彼らのためにも「ほめること」を中心に指導を行っていくべきです。

このように大きく二つの面から見ても、やはり**圧倒的にほめることを重視し、叱ることに対しては慎重かつ適切に行っていく**べきだと私は考えます。

さて、では「叱ること」と「ほめること」だけで、学級経営がうまくいき、子どもたちはのびのびとその力を発揮するのでしょうか。

私の答えは、NOです。それだけだと不十分だと考えています。

教室を飛び出す子、暴言を吐く子、暴れる子、暴力を振るう子。

そういった見えやすい「荒れ」。

その一方で、一見大きな問題は起こらないものの、何事に対しても消極的で友達ともつながっているようでつながっていない学級の「静かな荒れ」。

そのような「荒れ」に対して、「ほめる」「叱る」は無力です。

もちろん、授業でそのような荒れを立て直していける可能性は十分ありますが、教師の日常的な関わりや言葉がけも立て直しに対する重要な要素です。

その関わりや言葉がけのポイントとは何でしょうか。

それは、「認める」という行為です。

「随分足下がぐらぐらしているな」と感じることがあります。

実際に体が不安定という意味ではなく、人間としての育ちの根っこが弱いという意味です。

そして、そういう印象をもつ子は、学力が低く、不適切な行動も多いのです。

そこに自分がいていいという感覚が薄い子どもの足下はぐらぐらしています。

認められている、受けとめられている（受容）感覚が薄い子です。

草木が地上で茎を伸ばし、花を咲かせ実をつけるためには、見えない地中の中でしっかり根を張らなければなりません。

その「根」が張れていないなという感じがします。「認めること」は見えづらいのですが、それでもその根っこを支えることが必要なのです。

根が張っていないのに、茎が伸びることはありませんし、ましてや花を咲かせたり、実をつけたりすることはありません。

一見目に見えない「根」は、しかし、確実に土の中に存在しています。

根が大きく張るためには、柔らかく豊かな「土」が必要です。

学校や学級における「土」は、ずばり「安心感」です。

もちろん、「ほめる」「叱る」だけで伸びていく子もたくさんいるでしょう。

しかし、その伸びは実は十分ではありません。

そして、多くの課題をもったお子さんに対しては、「認める」ことが、スタート地点に存在しているべきなのです。

それが、教師の「認める」という「言葉がけ」や「行動・態度」によって規定されていくのです。

「叱る」と「ほめる」はセットで考えることができます。

そして、その下にはもしかしたら見えないかもしれないけれど、「認める」という行為が存在していて、子どもを伸ばすためには「ほめる」「叱る」「認める」という三つの行為がとても大切になってくるのです。

「ほめる」「叱る」は、教師主体です。教師の能動的な教育行為となります。

しかし、「認め、受け入れる」は子どもが主体です。子どもから出てくるもの、子どもがもともともっているものを、教師は認め、受け入れるという受動的な教育行為なのです。

そのためには、待つ、見守るという視点が必要なのですが、残念ながら学年当初から待つ、見守るというのは難易度が高く、またリスクも高いように感じます。

そう考えると、「ほめること」を中心に学級をつくり、子どもとの関係性をつくる。

そして、子どもに自信をつけさせていきながら、必要に応じて「叱る」。

そして、年間の指導のベースとして「認め、受け入れる」ことを位置づけていくことが必要だと考えるのです。

体に入れるものに例えるならば、次のようになるでしょうか。

ほめることは、サプリメント
叱ることは、薬（毒をもって毒を制す。副作用も伴う。）
認めることは、日常の食事

「ほめる」と「認める」の違い

ほめることは、「できたこと」「秀でたこと」「前よりプラスに変化したこと」に対して行われる行為です。

子どもを向上させるということを考えると、ほめるという行為は非常に大切にされるべきものです。ただ、人は向上するために生まれてきたのでしょうか。

ただ、そこに子どもがいるだけでいい。そう感じる時はないですか?

認めるということは、「そのままでよい」ということなのです。

ほめられることは、プレッシャーをかけることにつながります。

だって、常に評価されているということですよ。しんどくないですか?

あるがままを認められることで、子どもたちは安心感とゆとりを感じます。

そもそも、子どもたち(いや人は)安心すれば、向上したいと考える生き物なのです。

ただ、「ほめる」ことと「叱る」ことに比べて、「ほめる」ことと「認める」ことの境界線は曖昧で、そしてそのどちらとも重なっていることがあります。

しかし、両者は決して同じものではなく、違うものだと考えた方がよいでしょう。

この違いは大切なので、丁寧に述べていきたいと思います。

少し視点を変えて「自尊感情」と「自己肯定感」について述べてみましょう。

しばしば「自尊感情」と「自己肯定感」は同義のように扱われることがあります。

その語源は「Self-esteem」という英語なのですが、日本語では上記の二つに訳されました。

よく似ている二つの言葉ですが、私は違うものだととらえています。

東京都教職員研修センターの定義が分かりやすいので、紹介します。

「自尊感情」とは

　自分のできることできないことなどすべての要素を包括した意味での「自分」を他者とのかかわり合いを通してかけがえのない存在、価値ある存在としてとらえる気持ち

「自己肯定感」とは
自分に対する評価を行う際に、自分のよさを肯定的に認める感情
東京都教職員研修センター紀要　第11号

つまり、自尊感情とは「良いところも悪いところも含めて、自分自身を認めている」もっと言えば「どういう自分であれ自分は『ここ』に存在してよい」と思っている（感じている）ということです。

そして、自己肯定感とは、「自分には優れているところがある」ということです。

このような定義を知ることで、教師の関わり方は変わってきます。

一般的に「ほめる」のは、できたことをほめていきます。

たくさんほめればほめるほど、「自己肯定感」は高まっていきます。

つまり「自分はできる」と思っている。それは社会性と客観性をもっていることが多く、大人になる上では必要なことです。

しかし、失敗したり、負けたりすることで自信を失ってしまうことがあります。

負けても自信が揺らがず、次に向かえる子と、そうでない子の違いは何でしょうか。

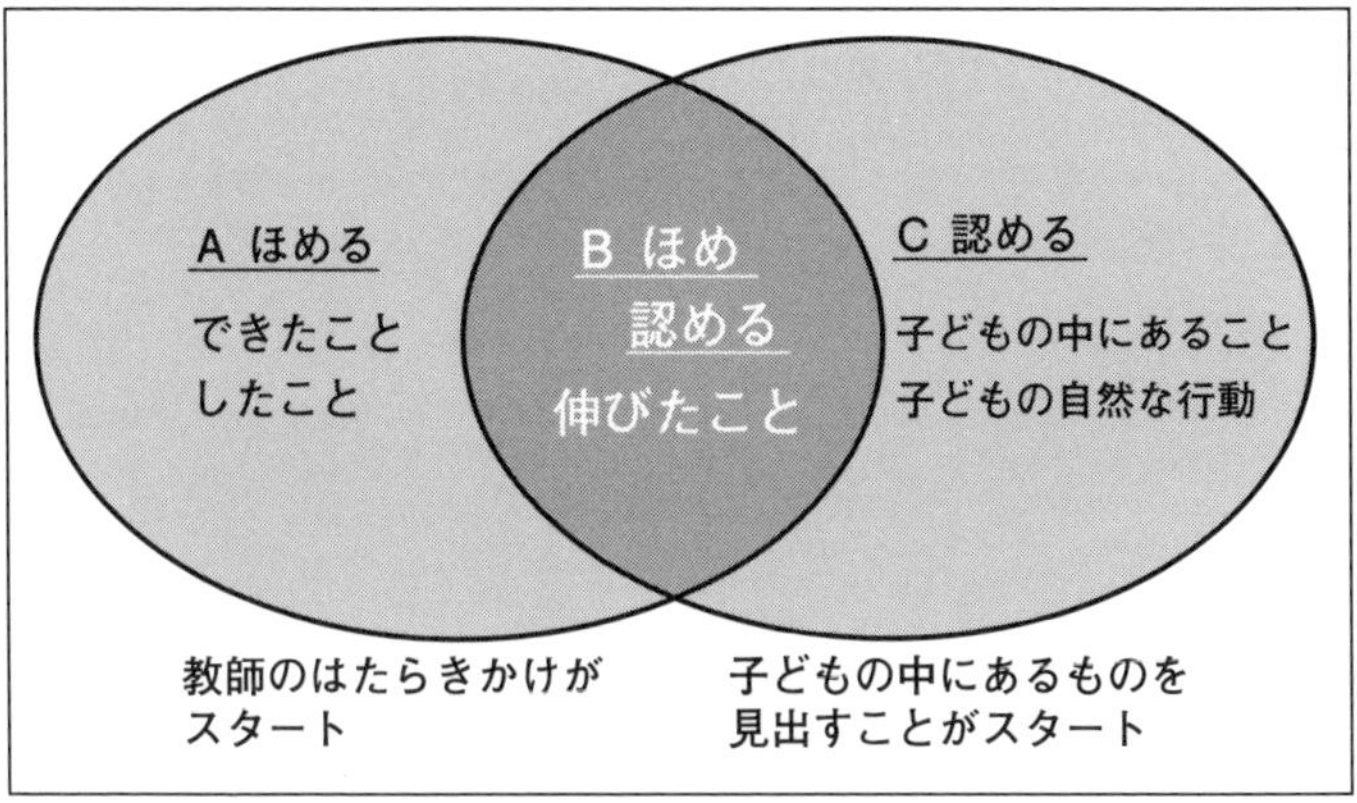

それは「自尊感情」の高さです。

「自尊感情」を高めるためには、「認める」ことが必要です。

しかし、「ほめる」と「認める」を完全に分けることは難しいと考えます。

Aの「ほめる」は「できたこと」「できること」です。「よく書けた」「歌が上手」「勉強ができる」「走るのが速い」

簡単に言えば、教師の「評価」です。

もう一つ言えば、子どもが「できた！」と喜ぶようなこと。

自分は「○○が得意」と言えること。

「すごいね」「できたね」「いいね」

そして、Bの「ほめることで認める」は、「才能をほめる」「特性をほめる」ということです。

つまり、結果ではなく、「今、あるものをほめる」のです。

例えば、「立ち方が美しい」とか「笑顔がすてき」など、これから努力が必要ではないことをほめていくのです。

また、「努力の過程」を「ほめることで認める」もBに当たります。

結果が出ていなくて、子ども自身が得心していない状態を「ほめる」ことで、子どもの努力を認めていくのです。

「そのままでいいんだよ」「それでいいんだよ」

そうして、努力の過程を評価し、認めていく。

これは子どもたちに安心感を与えるほめ、つまりほめることで認めていることにつながります。

Cの「認める」は、できていないことも認める。悪いことも認める。

そして、存在そのものを認める。「まあ、そういうこともあるよね」

この一言が教師から出てくるだけでも、子どもたちは「認めてもらえた」「受けとめてもらえた」と感じることができます。

そして、「あなたがいてくれてありがとう」「そこにいてくれてありがとう」と、存在そのものを認めていくこと。

しっかりほめ、そして認めていくことで、「自尊感情」を高めます。「自尊感情」が高まることで、「自己肯定感」（周りに肯定的にとらえられている）そして「自己有用感」（誰かの役に立っている）につながっていきます。

社会性、客観性のない「自尊感情」は時に軋轢《あつれき》を生みます。

しかし、自尊感情の低い子の、自己肯定感も、挫折に弱い面があります。

自尊感情と自己肯定感の相互作用を教師自身が意識しながら声をかけていきましょう。

実は認められた子どもは、自ら先に進もうとするのです。

「ほめる」「叱る」「認める」の「前提」

これは、全体に関わることなので最初に提示しておきたいと思います。

誰に言われるかで、言葉の受け取り方は異なる。

いくらよい言葉をよいタイミングで言っても、その効果は大きく異なります。
「誰に言われるか」は、その内容を超えるのです。
では、その「誰に言われるか」は、何が影響しているのでしょうか。
私は、次の三つの視点がポイントだと考えています。

①つながっているか

②「快」をもたらしてくれるか
③伸ばしてくれるか

①つながっているか

まず、子どもとつながっているかどうか。

赤の他人に言われるよりも、身近な人に言われることは大きな影響を及ぼします。

日常的に会話があり、目を合わせ、にっこりし、一緒にたくさん遊び、一緒にたくさん笑い、そして肯定的にとらえてほめてくれる。

そうやってつながっている先生の言葉は、やはり届きやすいのです。

共通した話題や価値観をもっていることが確認できると、つながっていると感じられることもよくあることです。

②「快」をもたらしてくれるか

楽しい先生や面白い先生の言葉は届きやすいのです。

楽しい話をしてくれる、おもしろい話をしてくれる。

あるいは、そもそも楽しい雰囲気をもっている、面白い感じがするということでもよいでしょう。

かっこいい先生、すてきな先生も、また子どもたちに言葉が届きやすい傾向があります。

若い先生というだけで、子どもはわくわくすることも多いのです。

面白い話も苦手、わくわくさせるほどすてきでもかっこよくもない。私のようにおじさんになって、そもそも子どもはわくわくしない。

そういう場合は、子どもたちが喜ぶ活動を日常の中に組み入れるといいでしょう。

例えば、5分程度でできるショートゲーム。

あるいは、月に1回行う学級レク。

一見無駄な時間に思われる方もいらっしゃるかもしれませんが、子どもたちに「快」を感じてもらえる有意義な時間になることは多いのです。

③伸ばしてくれるか

この三つ目の視点が一番難しく、そして一番価値があります。

子どもを伸ばすための授業が必要です。子どもを伸ばすための活動が必要です。

そして、子どもを伸ばすための、あるいは伸びたかどうかを確認するためのほめの価値づけが必要です。

そして、何よりも、子どもを伸ばすための見取りが必要です。

その上で、子どもを伸ばすための一年間の戦略が必要です。

書けば単純なことなのですが、これが一番難しい。

そして、子どもたちにとっては一番価値があるのです。

本当の意味で自分を伸ばしてくれる先生を、子どもたちは信頼し一目置きます。

それは、好き嫌いの感情とはまた違った感情です。

一朝一夕にはつかないこの力は、教師が教師であり続ける以上、ずっと磨いていかなければならないものです。

そして、磨けば磨くほど、子どもたちに還元できるものも非常に多いのです。

一年一年、子どもを伸ばす授業にこだわりましょう。戦略を練りましょう。

そして、子どもたちが納得する言葉や価値を獲得していきましょう。

第2章

子どもを伸ばす「ほめる」ポイント

子どもを幸せに導く指導の中心に「ほめる」があります。ほめることには意味があり、役割があり、方法があります。それらを満たした「ほめる」ポイントをご紹介します。

ほめることには意味がある

子どもをほめようとは言われますが、何のためにという話を聞くことはさほど多くありません。

ほめることには次の二つの意味があると考えています。

①方向性と評価基準を示す
②自己肯定感を育む

教師の言葉には、意図している意図していないに関わらず、「評価」が含まれています。「よく発表するね。」と言えば、それは「よく発表することはいいことだ」という「教師の評価基準」を示しているのです。

「5回も発表したね。」と言えば、「5回」がある種の基準になるのです。

同時に学級に「たくさん発表しよう。」という方向性をもたせることにもつながります。

同時に「ほめられた」とことで、子どもたちに自己肯定感を育むことにもつながります。

自己肯定感の薄い子は、そもそも活動に消極的です。

しかし、自己肯定感が高まってくるにつれて、「自分もできるかも」という期待が生まれてきます。いわゆる、「やる気のある子」になるわけです。

もちろん、一回ほめて、学級の方向性がすぐに定まるわけではありませんし、自己肯定感が高まるわけではありません。

何度も何度もほめることで種を蒔き、その種が自発的に芽を出し始めて、はじめて学級の方向性や自己肯定感の醸成につながっていくのです。

しかし、教師が「方向性や基準を示す」という見通しや、「子どもの自己肯定感を育む」という意識をもっていなければ、そのほめは大きな効果を生むことは難しいでしょう。

何のためにほめているのか。

そのことを、頭の片隅にずっと置いておきながら子どもたちをほめていきましょう。

何をしたらよいか示すためにほめる

「良い姿勢の子がいっぱいいいるね。」

この一言で、子どもたちの姿勢がすっとよくなることがあります。

もちろん、「良い姿勢にしましょう。」という指導でもよいのですが、最初に示したような一言が効果を発揮することは多いのです。

ほめることで、子どもたちのやる気を引き出し、何をすればよいかという方向性を示すことが同時にできます。

「良い姿勢にしましょう。」によって動く子どもたちは、あくまでも受動的ですが、「良い姿勢の子がいるね。」で動ける子は、主体的な子どもです。

本当に育てたい子どもたちが「よく言うことを聞く子」ではなく、「自分で考えて動ける」子どもなら、子どもたちができていることを中心にほめていきましょう。

そして、そのほめ言葉が多様であればあるほど、子どもたちは多様な方向性で伸びていこうとします。

「いい声が出るね。」「友達に優しい声かけができるね。」

具体的な姿をもとにした「ほめ」は、子どもたちに具体的な目標や方向、そしてここまでできればよいという基準を示すことにつながります。

ただし、多様化させるには「時期」も大切にしていかなければなりません。

1日で100種類のほめ基準が乱発されれば、子どもたちはどこにフォーカスして学校生活を送ってよいか分かりません。

まずは、学級をつくる上で何を優先させるのか。それを教師自身が理解した上で、子どもをほめていきます。つまり、どの段階に何をほめるかは教師が決めているのです。

朝から「今日は、返事をほめてやろう」とか「笑顔でいる子をほめてやろう」とか考えながら登校するのです。子どもたちの様子と、教師がつくりたい学級の姿と照らし合わせながら、ほめやすいところからスタートしていきましょう。

それが定着し始めたら、次の「ほめ基準」を示し、できることを増やしていきます。

ほめ上手は短く強くほめる

ほめ方にも上手下手はあります。

届きづらい「ほめ方」もあれば、よく響くほめ方というのもあります。


基本は「短く力強くほめる」ことです。


長いほめは、実はそれほど子どもの心に入っていきません。

人は「その理由をそれほど大切に聞いていない」という傾向があります。

まず、ほめる。そして、理由を具体的に簡潔にほめる。

「鉛筆の持ち方がいいね。」「よく話を聞いているね。」

こんな短いほめ言葉が、子どもの心に届きます。

また、短いからこそ何度も、そしていろんな子どもに声をかけることができるのです。
ただ、ワンパターンはいけません。
ほめは「攻撃」です。「攻撃」にはいろんなパターンがあった方がよいのです。
そして、そのほめ方で子どものとらえ方も変わってきます。

①声の出し方

声の出し方によって、子どもに対する効果は異なってきます。
優しい声は安心を生みます。
大きな声は子どもの興奮を誘います。
力強い声は子どもに達成感を味わわせます。
小さな声は、子どもが聞き耳を立て、納得します。
「驚くこと」もほめる方法の非常に有効な選択肢の一つです。
「えーっ、そんなにたくさん書いたの？　びっくりした。」
それは「よく書けましたね、えらいね。」の何倍も効果がある場合があります。

②ほめる場面

学級全体の前でほめると、その子の自己肯定感はより高まります。また、そのほめられたことが、全体の指標となります。

その子の前に行ってほめると、それはさらに際立ちます。

教師に対する注目と、その子に対する注目が一点に集約されます。

他の子にも聞こえるくらいの声で、そっとほめることで、よりそのほめは際立ちます。

何をほめているのだろうと気になる子がいるのです。また、後で何をほめられたの？と聞きに行く子も出てくれば、結果的に同じことで何度もほめられることになります。

その子にだけ、そっとほめに行くことも大切な方法の一つです。

学年はじめに全体の基準づくりを目指してほめている時期は、その逆にあるけれど大切な価値を、全体の場ではほめない方がよい場合があるのです。

そういう時には、そっとその子の横を通り過ぎながら「○○がよかったよ。」とその子にだけ聞こえるようにほめるのです。

ノート指導などの場合は、そっとノートに花丸をつけるということも、ほめるということにつながります。

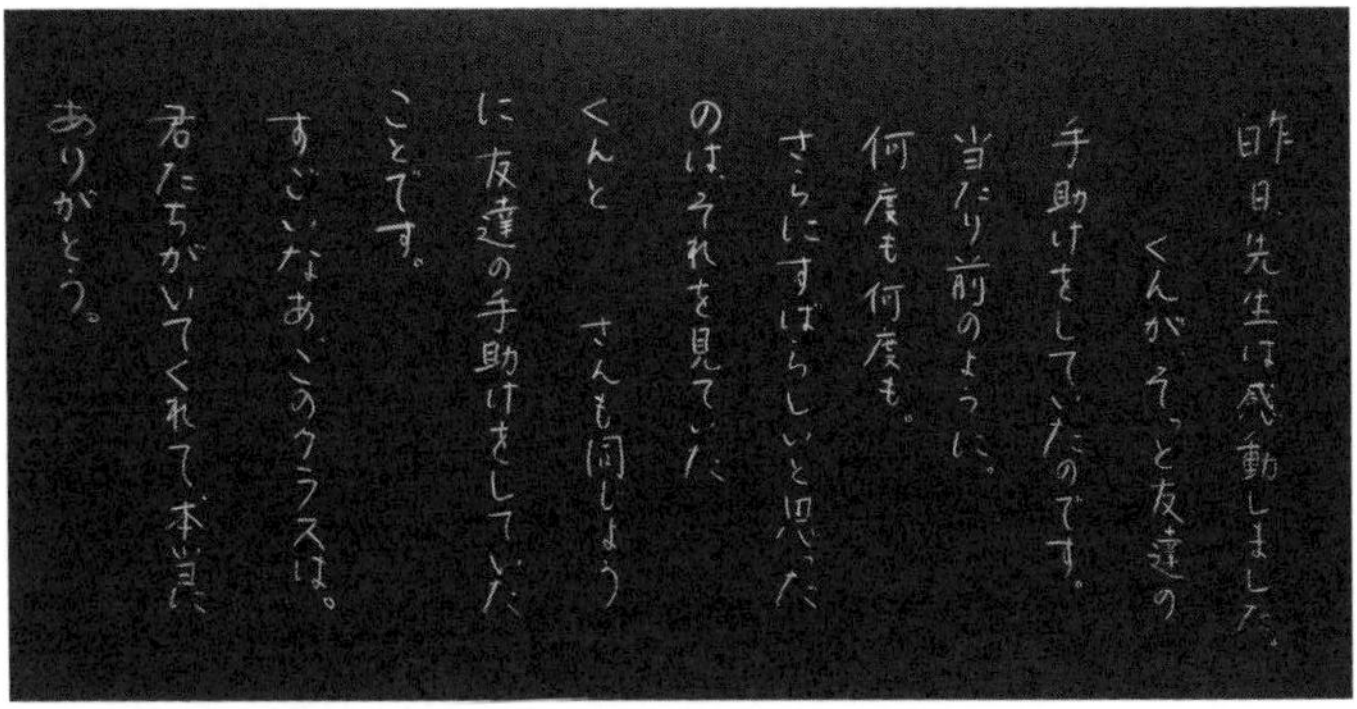
昨日先生は感動しました。
くんが、そっと友達の
手助けをしていたのです。
当たり前のように、
何度も何度も。
さらにすばらしいと思った
のは、それを見ていた
くんと　さんも同じよう
に友達の手助けをしていた
ことです。
すごいなあ、このクラスは。
君たちがいてくれて本当に
ありがとう。

また、学級内でいじめや嫉妬がよく見られる場合に、そっと息を潜ませるように生活している子がいます。

そういう子も、全員の前でほめないようにします。ほめられることで、その子が不利益を被るからです。その子のそばに行って、他の子に分からないようにそっとほめる。もしかしたら、その子に対して「にっこり笑う」だけで伝わるかもしれません。

「先生は分かっているよ。」

その敏感な子は、きっとそれくらいのメッセージでも受け止めてくれるでしょうから。

③言葉にしないほめ

前述の「にっこり笑う」ことも「ほめ」につながりますが、他にも口には出さないでほめる方法はあります。

要は、その子の良いところ、できたことを際立たせ、知らせればいいのです。

例えば子どもが帰った後の黒板に、その日にあったほめたいことを書いておきます。朝来た時に、黒板に自分の名前とよかったことが書いてある。

それだけでも、その子だけでなく学級全体に対して強烈なメッセージを送ることができるのです。

ゼロスタートで子どもを見る

頑張れない子、頑張ろうとしない子がいます。

それは、全員がやる気になっているはずの「4月当初」でも同じなのです。

最初からやる気がない、自分に対して完全にあきらめているように見える。

そういう子をやる気にさせるポイントがあります。

0（ゼロ）スタートで見る

例えば、それまでの学年でいすに座って授業を受けることが困難だった子。

その子が、初日にとりあえずいすに座っている。ただ、3分後には席を離れてしまった。

さて、ここは注意したり、叱責したりする場面でしょうか。

もちろん、席を離れた場面をほめるわけにはいきませんが、「席に着くのが苦手だった子」という認識をしていれば、最初に座っている段階で力強く「いいね」と言う場面です。

逆に言えば、「せっかく新年度やる気になったのに、やっぱり今年も僕は叱られる」と感じてしまえば、その子の「今年は頑張ろう」というやる気の芽をつぶしてしまうことになります。

教師の「ここまでできるのが『当たり前』」は必要な基準ですが、それが子どもの伸びる意欲をつぶしてしまうことがあることは知っておかなければなりません。

日記を書いたけれど、誤字脱字だらけで叱られる。

実は、その子は書くのが苦手だった子かもしれません。

その子が1行でも書けたらほめる。心の底からほめる。

書けないのがその子の「0」地点。その0地点から、一歩でも進んだらほめるのです。

まず、どんなに好ましくなくても今の状態を「0」としましょう。

そして、その「0」から、ちょっとでも進んだと「感じたら」力強くほめましょう。

そうすることで、子どもたちは自分に期待し、少しずつ前に進むようになるのです。

段階的に「ほめ基準」を提示する

最初からほめ続けていくと、子どもたちは少しずつできるようになってきます。

しかし、それをずっと続けてはいけません。

当たり前になりはじめたら、それについてはほめることを減らしていきます。

教育は、「できることを増やす」だけでなく、「よりよい当たり前をつくっていく」行為だと思います。

「できて当たり前」のことはほめられても、それほど嬉しいものではありません。

極端な話、「先生、字が書けるんだね。」と言われても、「えっ」と思うでしょう。

当たり前になった時点で、ほめることは減らし、次の段階の「ほめ基準」を提示する必要があります。

もちろん、一旦できたことが失われることはよくありますから、その子に応じて時々

「○○ができているよね。」と確認しておく必要はあるでしょう。

ただ、走るのが上手な子に「君、歩くことができるんだね。」は価値がありません。

1行も書けなかった子が、数行書けるようになった。

しばらく、それが当たり前になるまで「見守る」。

「当たり前」になった時点で、「1ページ書けるようになったらすごいね。」と提示する。

あるいは、具体的に「小さい『っ』が入るようになるといいね。」と、そこから日記に「っ」を朱で入れはじめ、少しでもできるようになったら「すごいね。」とほめる。

「そんなことから？」と思われる方もおられるかもしれませんが、高学年でもそのあたりでつまずいている子はいます。どこから困っているのかが分かれば、それまでずっと伸びなかったその子が伸びる可能性はぐんと高まります。

教室に40人いれば、40人のストーリーがあります。

いきなり全ての子に、全ての基準をもつのは難しいかもしれませんが、まずは気になる子からスタートしてみましょう。「0」スタートで見る。そして、ほめ続けながら当たり前になるまで見守る。当たり前になったら、次の「ほめポイント」を提示するのです。

ほめて暗示をかける

自信がもてない子や、なかなか周囲の子とうまく関係が築けない子はいませんか？

人は、自分自身がいったいどういう人なのか分かっていません。

血液型占い、星座占い……。

様々な占いで、「○○の人は、こんな人。」と言われ、「ああ、そうそう。」「あるある。」なんて。そうやって確認することで、自分のあり方を大人でも探っているのです。

人間の行動は、かなりの部分で無意識に行われています。

人にプラスに映る言動も、マイナスに映る言動も。

一つ一つ、「こうしたらいいよ。」と教えていくのも大切なのですが、大きな方向性を整えていくことは、大きな効果を生み出します。

「君は人に優しいね。」

もしかしたら、100の行動のうち1かもしれない行動に注目して声をかける。

しかし、それが、その子自身を規定していく可能性を知っておくとよいでしょう。

「人は多面体」です。 全ての人は、いろいろな面をもっていて、割と無意識にその場に合わせて適している（と思い込んでいる）面を向けています。

「君は人に優しいね」という言葉がけが、「自分は人に優しい人間なんだ」という意識を生み、行動の方向性に反映されます。そして、その幹がしっかりしてくれれば、その枝葉に当たる言葉や行動は、少しずつ変わってきます。

「君は人に優しい子だね。」

その行動を見つけるごとに、あるいは、以前の行動を思い出しながら、「やっぱり優しい子なんだよな」と声をかけることが、「暗示」をかけていくような効果をもちます。

プラスの暗示はどんどんかけていけばいいと私は思っています。

ただでさえ、マイナスの暗示はかかりやすく、そしてそのようなマイナスの評価に日常からさらされている子もいます。

プラスの暗示をかけましょう。子どもたちの方向性を大きく変えることがあります。

言いがかりをつけるようにほめる

ここまで読んで「それでもほめることなんてない」と思われる方もいるかもしれません。

正直申しますと、「ほめる理由」なんてどうでもいいんです（笑）

その子に「君はいいね。」と言いたいだけなんだから。

学校でほめられたことが、そのまま社会に出て役に立つとは限りません。

でも、学校でほめられ「人は自分を肯定的に見てくれる」「おれは頑張ったらやっていけるかも」と感じることそのものは、大人になってもとても役に立つのです。

そう考えると、ほめる究極の理由は「あなたはいいね！」なのです。

ただ、どうしてもほめる理由がほしくなることがあるのも事実。

だからこそ、「言いがかりをつける」のです。

俗に言う「言いがかりをつける」という行為は、何の理由もなく難癖をつけるという意味で使われます。見てもいないのに、「兄ちゃん今こっち見ただろう。」みたいな。

断言します。**ほめることの究極は、その理由も根拠もなくてもいいんです。**

「今やる気になってたよね～。いいねえ。」「なってないです。」「いやあ、なってたよ。先生そう思う。」

「手を挙げようとしたよね。すごいね。」「いや、挙げようとしてないです。」「ああ、そうごめんごめん、そう見えちゃったんだよ。つい君のことがよく見えちゃうんだよね。」

どこにも真実はありません（笑）でも、いいんです。

何をほめるかが目的ではなく、この場合はほめることだけが目的なんですから。

それでもほめることがなければどうするのか。

「なんかいいね、なんかいい。」

「なんか」でほめてしまうのです。でも、だまされたと思ってお友達や同僚の方とほめ合ってみてください。力強く「なんかいいね。」、にっこりほほえみながら「なんかいいね。」

なんだか幸せな気分になるものです。少なくともいやな気持ちにはならないでしょう。

そして、このほめは子どもの受け取り方によっては「認める」ことにもつながります。

幻をほめる

「良い姿勢にしなさい。」と担任がずっと注意している後ろからそっと入ったベテランの先生が一言。「あら、良い姿勢の子がいるわね。」

そう言ったとたん、何人もの子どもがすっと良い姿勢になり、「あら、良い姿勢の子が増えたわね。」というと、さらに良い姿勢の子が増え、「すごいね。このクラスの子はみんな良い姿勢でお勉強できるんですね。」

たった3回口を開いただけであっという間に、子どもたちの姿勢が整う。

ほめることには、このような効果があります。

ただ、そのとき誰一人として良い姿勢の子がいなかったら？

そういうときは、「幻」をほめればいいんです。

幻だから真実ではなくてよいのです。

誰か良い姿勢の子がいるような気がした。
誰か一人でも黙って一生懸命掃除をしている子がいるような気がした。
誰も話を聞いていないように見えても、誰かじっとこっちを見て真剣に話を聞いているような気がした。

そういうときに「○○している子がいるね、ありがとう！」と間髪入れずほめる。

端から見ると誰をほめているの？　という感じではありますが、いいんです。

そして、案外子どもたちは、お互いをそれほど気にはしていません。

「きっと誰かがやっているんだ」と思い、まねをする子が出てきます。

そうしたら、その子をすかさず「いいところを取り入れた子は、伸びる子です。」とほめる。

マイナスの決めつけはいけませんが、プラスの決めつけはどんどんしましょう。

叱られるより、ほめられてできた方が幸せじゃないかと私は思っています。

何より生きる勇気がわいてきます。

もちろん、そんな風にこねくり回さないで「良い姿勢にしましょう。」「えらいね。」で日常はよいのですが、時にはこういう肯定的なスパイスも必要なのではないでしょうか。

「○○さんをほめる日」と心に決める

全員を同じようにほめるのは難しいものです。

というか、不可能だと思います。

よくできる子をほめるというのは、どこの教室でもよくあることです。

その一方で勉強が苦手な子、不適切な行動が多い子をほめるというのも、それ以上に多いのではないでしょうか。

その一方で、目立たない子、手のかからない子が後回しになっていることが非常に多いと感じます。

ふと、立ち止まって考えてみましょう。

1ヶ月に一回でもいいのです。

子どもの良いところやできたことを、指導簿やノートに書き綴ってみましょう。

すらすら書くことができる子もいれば、なかなか筆が進まない子もいるはずです。

そもそも人は偏った見方をするのです。

それを少しでも助けるために、見えていない子を認識する作業を行います。

その見えていない子が認識できれば、実際にほめる行動に移してみます。

子どもに宣言する必要はありません。

自分の中で、週の予定に書き入れます。


「〇月〇日、〇〇さんをほめる日　決定!」


そうすることで、意図的にその子の良いところに注目することができるでしょう。

自分がもっていなかった「価値」をその子が示してくれるかもしれません。

そして、一日が終わって十分ほめることができていなければ、次の日も同じ子にスポットを当ててほめてみる。

目立たない子は、ずっと目立たずどの先生にもほめられていないかもしれません。

その子のほめポイントを、目を皿のようにして見つけ、「いいね。」ということ。

それでその子の人生が変わるということは、やっぱりあると思うのです。

嵐のようにほめる「ほめほめタイム！」を行う

突然、子どもの横に座る。

その子の目を見ながらひたすらほめ続ける。

「君、この間友だちが困っている時に、優しい声をかけていたでしょう。先生、見ていたよ。最近、よく頑張ってるのも知ってる。この間の国語のノート素晴らしかったよ。丁寧な字で書いていたね。びっくりした。先生とっても嬉しかったよ。あ、そういえばこの間、あんなこともあったね。当番活動の時、忘れていた時あったじゃない。その時、○○くんが手伝ってくれていたんだけど、君はすぐに『ありがとう』って言っていたね。なかなかできることじゃないのに、それがすっとできるのはとてもすてきなことだよ。他にもね……。」

ひとしきりほめた後「じゃ。」と言って嵐のように去って行く。

そして、教師は日常に戻る。

ほめられた子も、その周囲にいた子もあっけにとられる。


こんなほめ方もあっていいんじゃないかなと思います。

特に、高学年で日頃距離を感じている子に対して、突然心の中にずかずかと入っていくようなほめ方は、教師に躊躇がない分、ストレートに伝わることがあります。

そして、この方法はほめた方も幸せになるし、ほめられた方も幸せになります。

授業時間でも、休み時間でも。

嵐は突然やってきますから（笑）

ただし、この方法は「劇薬」です。その子に合わせて、場面やその後の対処などを考え、適切に使っていただければと思います。

ただ、叱ることがマイナスの感情を爆発させることならば、ほめるときにプラスの感情を爆発させてもいいのではないか、とも思うのです。

ほめられても伸びないクラスを省みる

よい学級の雰囲気や習慣をつくる、集団全体を伸ばす。

そのために、ほめることは非常に大きな効果を発揮します。

しかし、たくさんほめているのに、思ったほど子どもが伸びないという教室があります。

その理由は大きく二つあると私は考えています。

①焦点化されていない

最初の頃は、ばらまくようにいろいろなことをほめていけばいいのです。

まず「先生はみんなの良いところを見つけようとしますよ」ということを、子どもたちに知ってもらいます。

しかし、よりよい学級の雰囲気や習慣をつくりたいのなら、途中から少しずつ「焦点化」していく必要があります。

子どもたちをほめまくっていく中で、特に意欲的になった「ほめポイント」は何ですか？

マイナスの行動が多かったあの子が「ヒーロー」になった「ほめポイント」は何ですか？

その「ほめポイント」を徹底的に、ほめていきましょう。

全体ができるようになったことが、「学級の文化」になります。

「みんな○○ができ、すごいクラスになったね。」と言うのです。

学年はじめは、通常大きく無理をしない方がいい時期です。

子ども発の、このようなほめポイントは無理がありません。

何よりも、「○○さんのおかげで、すごいクラスになってきたよね。」と、またほめることができるではありませんか。

そうして、一つできたら次に達成できそうなほめポイントを探していくのです。

もちろん、先生が「ここをぜひ伸ばしたい」というほめポイントがあれば、「なかなかできないことなんだよ。」としつこくほめ続けていくことでできるようになっていきます。

そうやって、できるようになったら、ほめポイントをたくさん広げていきます。

小さく小さく、しかししつこくほめていくことで、子どもたちは勇気をもち、すばらしいクラスをつくり上げていくのです。

そのスタートは焦点化。

紙をいろんなところにばらまくのではなく、丁寧に丁寧に一カ所に積み重ねていくようなイメージで、ほめる。

1枚の紙は薄くても、何百枚も積み重ねれば、どこから見ても分かるような高い山になることでしょう。

②逆転現象を生み出せていない

先生はたくさんほめているけれど、昨年同様「かしこい子」「いい子」を中心にほめられているなら、効果は薄いのです。

「昨年と同じ。今年も何も変わらない。」

そう考えると、子どもの意識は変わらず、やる気のない子はやる気のないまま1年をすごそうとします。

学年はじめに変化を後押しする「驚きと感動」がないのです。

そこで、「ええっ、この子がこんなにほめられている。」というのが、周りの子も感じられるポイントをほめてほめてほめまくるのです。

そのほめポイントは「学習規律」「学習技能」です。

「返事チャンピオン」と、元気がよすぎて注意されていたあの子をほめる。

静かで目立たないけれど、じっと人の話を聞いている子を見つけて、「お話を聞くチャンピオン」とほめる。

今まで、マイナスのイメージをもたれていた子や、おとなしく目立たなかった子をほめるには、学習規律は非常にほめやすいポイントです。

そして、そのほめたポイントは、学習時の雰囲気をつくることにつながっていきます。

また、学習技能では「たくさん書く」ことを中心にほめます。

「量を書く」ということは、子どもにとっても取り組みやすく、また「見える化」しやすい活動です。

ここでは、文章指導とか、表記の指導を入れないことが重要なポイントです。

ほめることを量にのみ特化するから、どの子も「取り組んでみよう」と思えるのです。

例えば、何となくやってみようと料理をつくり始めた人に「よくできているけど、味付けが薄くて、おいしいと言えるレベルにない。もう少し塩こしょうを足して、味見をしながらつくるとおいしくなるよ。盛りつけももう少し工夫したらいいよ。彩りを考えて……。」

一見親切ですが、やっとやる気になった子に対して必要なことでしょうか。

まず、つくったことをこそほめる。そうやって、もう一度つくってみようと思わせる。なんたってまだスタートしたばかりに過ぎません。

やりはじめは、うまくいってもいかなくても「いいね、いいね。」が、子どもの能動性を引き出す基本です。

ひたすら量のみをほめると、まねをし始める子どもたちが出てきます。

経験上、この価値に積極的に関わってくる子どもたちは、いわゆる「勉強が苦手な子」が非常に多いのです。

それまで、学習の中でほめられていなかった子、いや、ほめられるのをあきらめてきた子が、「これなら頑張れる」「もしかしたら自分も」という希望をもつことができます。

他者に対するほめが、その子の「希望」として映るようになるのです。

こうして「できなかった子が一躍ほめられる存在になる」という「逆転現象」が起きるようになります。

それまで「できる子」と思っていた子も、目の色を変えて「量を書く」ようになります。教室によい流動性が生まれる瞬間です。

こうして、学級全体に「量を書く子」が増えてきます。

実はこの「量を書くことが正義」という価値観は、後の学力形成にも役立つ、非常に大切な価値観です。

今年は違うぞ、と思えたら子どもは変わり始めます。学習規律は、子どもにとって「見える化」しやすく、やる気があれば達成しやすい「ほめポイント」です。

このように「見える化」させ、「こうなったらいい」という具体的な行動や場面を提示することで、それまでの学年と打って変わってやる気を見せ始める子がいます。

やりなさいと言われていた時には、全くやらなかった子が、「こんなのできたらいいね。」と言われると、すごく頑張ってやるということはよくあることです。

「やりなさい」でやるのは、「従順になる」という感覚であり、「こんなのできたらすごい」でやるのは自分が中心になるという感覚があるからです。

そこにはその子の主体的な「選択」と「決断」が保証されているのです。

ほめる習慣をつくる

ふと、思い出します。

日々、授業を流すことが精一杯だった若いころ。

授業の中で、子どもをほめましょうと言われても、自分の指導言や発問だけで精一杯。

なかなか子どもをほめる言葉まで口にするのが難しかったあの頃。

そういう時には、次のようなシステムや場を決めてしまえば取り組みやすいでしょう。

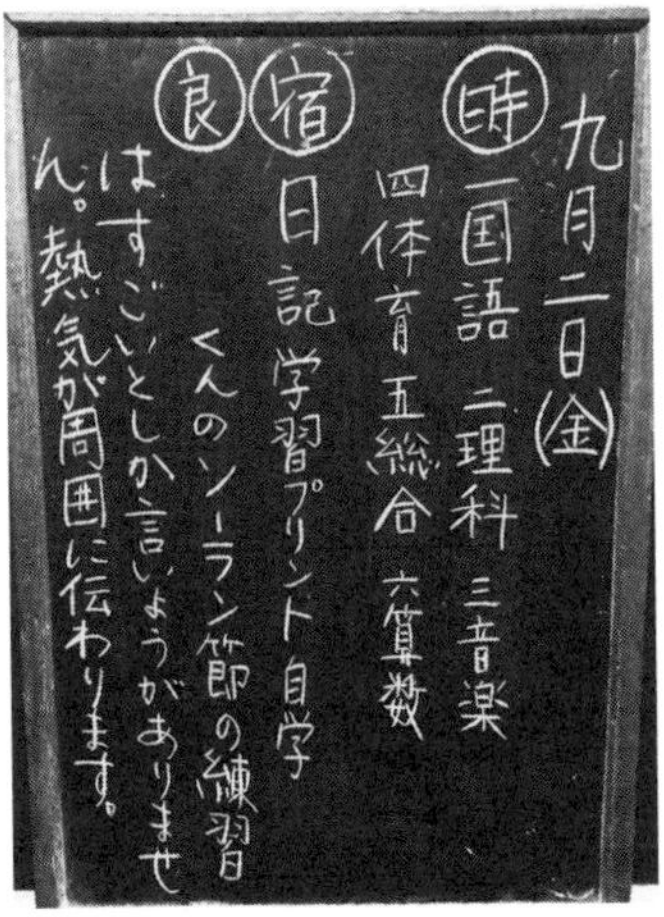

①連絡帳に子どもの良いところを書く

毎日の連絡帳の最後に、子どもたちがよく頑張ったことやできたことなどを書きます。

名簿等に登場回数をチェックするなどして、トータルで子どもの偏りがないように書くことにも気を配りつつ、タイムリーな話題を取り上げたり、その時に「一気にのせたい子」をクローズアップして数日間にわたり取り上げたりすることもできます。

そのチェックや調整が難しければ、出席番号順やその日の日直の子のことを書くという決まりにしておくという方法もあります。

②「今日のMVP」を表彰する

小さな賞状を何枚もつくっておきます。

そして、名前とよかったことを書くスペースを空けておきます。

帰りの会までに、今日のMVPを決め賞状に書いておき、帰りの会の最後に発表し賞状を渡します。これも偏りがないようにある程度気をつけな

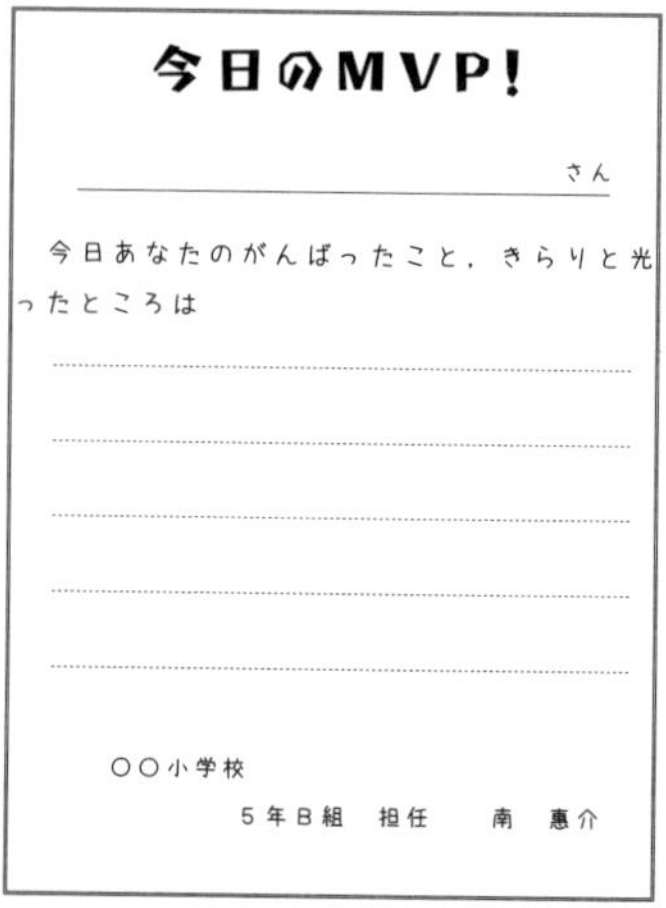
今日のMVP！

さん

今日あなたのがんばったこと，きらりと光ったところは

○○小学校

5年B組　担任　　南　惠介

ければなりませんが、①の方法と違って、その日のうちに何人も同時にほめることができるのが利点です。

はんこ屋さんで「○○学級」というようなスタンプをつくってくださることがあります。そのようなはんこを、賞状の最後にぺたっと押すとより本物感が出て子どもたちは喜ぶようです。

③日記に手紙を書く

私は毎日子どもに日記を書かせます。

基本的には、その日記の内容に対する返事を書くのですが、すごくほめたいことがある場合は、その内容に触れずひたすらその子のよかったところや頑張っていることを書くことがあります。

時には2ページくらいにもなるそれはかなりのインパクトをもっているようです。

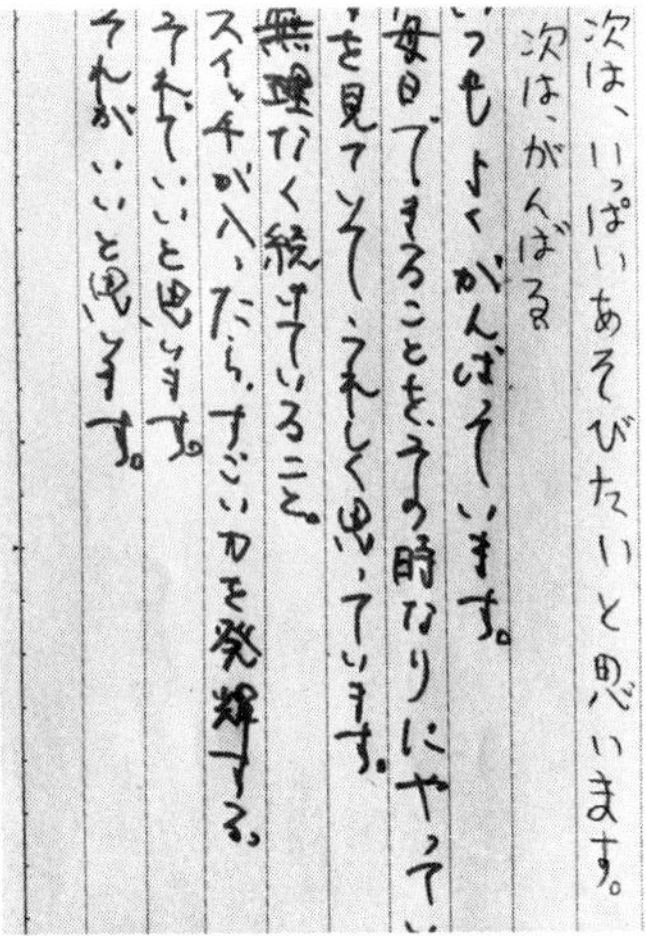
次は、いっぱいあそびたいと思います。
次は、がんばる
つもよくがんばっています。
毎日できることをその時なりにやってい
を見ていて、うれしく思っています。
無理なく続けていること。
スイッチが入ったら、すごい力を発揮する。
それでいいと思います。
それがいいと思います。

振り返りノートに取り組んでいる場合は、この振り返りノートに書くこともできるでしょう。

子どもに対する「ラブレター」のようなものかもしれません。

④電話をかける

家庭に電話連絡をすると、「うちの子何かしましたか？」と聞かれるお家があります。
学校からの連絡は子どもの悪いことを伝えるというイメージがあるのかもしれません。
しかし、それを逆手にとって子どもの良いところを伝える電話をするのです。
「良いところを伝えるだけのために電話する」
思いの外、子どもも保護者も喜んでくれます。
日中は慌ただしくても、放課後なら少しは余裕があるでしょう。
4月、毎日何人かずつ電話をかけてみるといいかもしれません。

子ども同士でほめあう

教師がほめるのは、学級のスタート時期からしばらくは重要な意味をもちます。つながること、価値を示すこと、ほめるほめられる関係（つまり評価の関係）を認識すること。そして、教師が「子どもを肯定的に見ようとしている」ことを示すこと。

しかし、教師が常にリーダーとして君臨し、子ども同士のつながりが希薄なら、学級としての力はたかがしれています。教師自身も最後の最後まで全てを自分で行わないといけないので、しんどくなり、頑張っている以上のことはなかなか起こりません。

学習における「協同」だけでなく、ほめも子どもとの「協同」を目指しましょう。

良いところ探しに適した二つの方法を紹介します。

①小さなお手紙

小さな紙を用意します。その紙に「○○さんの良いところやうれしいことを書きましょう。」と言って30秒書かせます。自分の名前も書かせます。

一日2人書けば、40人学級でも20日で一周します。

「友達の良いところをいっぱい見つけられる人は素晴らしい人だよ。」という価値は何度も何度も確認しておきます。

学期に一度でも行えば、年3回。

大量のほめ言葉が1人のもとに集まります。そして、1回目より、2回目、2回目より3回目とグレードアップしていきます。

その子に直接渡すのではなく、一度教師のもとに集めて見ておくのは大切です。

マイナスを指摘していたり、逆に教師が知らなかったその子の良さを感じられたりすることがあるからです。

また、特によい視点のものを紹介し、子どもたちのほめポイントを増やしていくこともできます。

また、逆に記述が稚拙なために、ほめられていないと感じられる場合はチェックしてその子に付け足しなどをさせることもあります。

②班でほめほめ大会

1人1枚紙を配ります。その班の人数分が書けるスペースを用意し、真ん中に自分の名前を書かせます。

1分程度で、その子の良いところやうれしかったことを書き、どんどん回していきます。最後にそれを見て、自分の良いところを書き出すという活動で終わります。

班の人数が少なければ、二つの班とドッキングして行ってもよいでしょう。

時間があれば一人一人のスペースは小さくなりますが、学級全体で回してもよいでしょう。

40人学級でも1人1分と制限をかければ1時間で、リフレクションも含めて終わることができると思います。

上記のような方法を使うと、子どもたち同士がお互いにほめ合うという行為が増えてきます。

それを見つけて広めることで、ほめ合うという行為がさらに増えていき、友達に対する肯定的な見方ができるようになっていきます。

ただ、特別なことをしなくても、子ども同士が子ども同士をほめるようになることがあります。

教師のほめが、子どものほめにつながってくるのです。

教師がほめていることを、子どもたちもほめるようになります。

教師がほめているように、子ども同士がほめ合うようになっていきます。

教師の姿や口癖が、子どもに影響を与えるのです。

例えば、実際に黒板やノートなどに「書いてほめる」ということを日常的に教師が示すと、日記や自主学習などに「友達の良いところ」を書く子が出てきます。

その記述を紹介することで、ほめられた子もうれしいし、ほめた子もうれしくなります。

そして、それを紹介した教師はもっとうれしくなります。

「幸せのループ」の完成です。

こういう人間関係ができると、学級の人間関係はうまくいきはじめるのです。

伝聞でほめる

「○○くんが、あなたが昨日あいさつしてくれたのをとても喜んでいたよ。」

そのように伝えることを「伝聞」と言います。

この伝聞でのほめは、第三者を介することでその喜びは2倍にも3倍にもなります。

誰だって多かれ少なかれ人の評価は気になります。

教師の評価が気にならない子も、友達の評価は気になります。

ともすれば、友達のマイナスの評価を聞いて、落ち込んだりいらいらしたりしがちな教室の中で、プラスの伝聞を積極的に行っていく。

日記や振り返りノートに書かれた他の子へのほめ言葉を紹介することも、伝聞でのほめにつながります。

教師はそれを、心底うれしそうに、幸せそうに伝えればいいのです。

そして、ほめた子にも、ほめられた子にも「よかったね。」「うれしいね。」「ありがとう。」と伝えればいいんです。

何よりも、このようなほめが増えることは、教師にとっても本当に幸せなことなのです。伝聞のほめは子ども同士だけでなく、他の先生方からのほめ言葉でも使います。

メモでもらったものは、そのまま教室に貼ります。そうすることで、子どもたちがやる気になるだけでなく、その先生に対して好意的な見方をするようになります。

さらに、閉じられた空間の中で「外の評価も同じ」ことを感じられるようになるのです。

もちろん、それはしてもらうだけでなく、自分自身も他のクラスの子をほめますし、メモを渡したり、自分のクラスの子が他の学年やクラスの子の良いところをノートに書いていたら、コピーして渡したりします。

そうやって「誰かがあなたたちについていいこと言ってるよ」という目に見えない雰囲気をつくっていくのです。

なお、波及効果として、そういう風に友達の良いところを人に伝えようとする子がヒーロー・ヒロインになれば、マイナスの伝聞をする子は相対的に減っていくということがあります。

「ほめる」のには順序がある

ほめるのにも「順序」があります。

まず一番は、学級の中で目立つ子、やんちゃな子をほめます。

やんちゃな子というと、先生を困らせる子という印象を受けますが、その前にその子自身がいろいろなことで困っている子だということが多いのです。

そもそも自信がない。

だからいろいろな方法を使ってアピールしようとすることが多くなります。

そういう子にまず声をかけましょう。

その行為は、周囲の子にとっても大きな影響をもちます。

それまで叱られていた「あの子」がいきなりほめられている。しかも、始業式初日から。

「あの子」がほめられるんだから、と頑張ろうと思う子もいるでしょう。

「あの子」は変わったと感じ、その子に対する関わりが変わる子もいるでしょう。

理由なんてなく、「なんかいいね、君。」でいいのです。ただ、ほめたいんだから。

その一方で、**みんなの前でほめてはいけない子**もいます。

一人まじめで、よくできる子。

それが故に、疎まれたり、いじめられがちな子。

ついほめてしまい、その行動や能力を周囲に求めてしまうことがあります。

先生にほめられたが故に、ますます先生が見ていないところで疎まれ、いじめられることがあります。

本人にとっても苦痛だし、周囲の子にとってもネガティブな感情を引き出す可能性が高いのです。

そういう子はそっと小さな声でほめる。

「先生は、あなたのことを見ているよ。」

そう伝えるだけでいいのです。

健気でまじめなそういう子を利用してはいけません。

ほめるために「一度あきらめる」

ほめろほめろと言われてもほめることはない。ほめればほめるほどマイナスになる。

そんな状況の教室もあるかもしれません。

しかし、ではその代わりに何をすればよいのでしょうか。ただ、待つ？　叱る？

それ、多分前年度にたくさんやってきて、効果が出ていなくはないですか？

効果が出てないならまだしも、子どもたちのやる気や自信を奪ったり、反抗心を呼び覚ましていませんか？

一回失敗していることを、もう一度繰り返す価値はないでしょう。

ほめることも見つからない、しかし叱ることはマイナスに働く。

そういう場合は、一度あきらめてみましょう。

「今の状態では仕方ない」と。

あるいは、ほめるラインを大きく下げます。

その上で、自分のできることを考えます。

他者をコントロールするのに比べれば、自分のコントロールはまだ易しいのです。

クラスを楽しくするために、今できるのは何でしょうか。

クラスを盛り上げるために、今できることは何でしょうか。

ここでいうあきらめるというのは、子どもに対して勝手に期待し、評価するのはやめましょうということです。

それはただお互いに苦しくなるだけです。

一度、子どもに期待するのはあきらめる。その上で、自分が今できることに集中する。

こうなってほしいという願いを自分にだけ求めてみる。

ほめても、叱っても、砂漠に水を蒔いている感覚に陥ることがあります。

やればやるほど空しくなる。でもそれは期待しているからです。そして、それは「今」は難しい期待なのです。一方通行でいいんじゃないか――時にそのように思うのです。

しかし、そこから道が開けることは案外多いものです。

「ほめる」ことには上下関係がある

突然、幼稚園児に「おじさん、なかなか字を書くの上手だね。」とほめられたら、みなさんはどういう反応を示すでしょうか。

体操の先生が、教えている子どもに「すごく上手に着地できるよね。」と言われたら、周囲に人はどういう目で見るでしょうか。

「ほめる」という行為には「上下関係」が含まれています。

ほめる方が上位、ほめられる方が下位。そういう関係性が認識されていくのです。

先生が友達化していると言われる昨今、もちろん、子どもたちが楽しく学校に行くという意味では悪いことばかりではないなとも思うのですが、例えばいじめが起こった場合、単なる友達先生だと対処できないことがあります。

怠けている時、頑張れと言われても適切な上下関係があれば有効に作用します。

強圧的で、支配的な上下関係を私はよしとはしませんが、子どもたちの安全を確保する、子どもたちを伸ばすという面で言えば、やはり適切な上下関係は保っておく必要があると思うのです。

少し、言い方を変えれば「教える人」「教えられる人」という立ち位置をお互いに確認しておくということです。

直接的に、そのように教えてもいいのでしょうが、できるならば、子どもたちが納得、体感する形で、その関係性を確認できるとよいのです。

その最大の方法が「ほめる」ことだと私は考えています。

そう考えると、反抗的な態度をとりがちなあの子に対して、徹底的にほめてほめてほめ抜くことの価値が見えてくるでしょう。

教室の主導権を握ろうとする「あの子」を先生が力強くほめまくっている。

その様子は、周囲の子どもたちにも見えるのです。この教室のリーダーは誰か、と。

もし、その子がやる気を出して伸びてくれれば、その子の人生も変わります。

この方法は、何よりも、リスクが少なく、日常的に繰り返すことができます。

ほめる機会はだんだん減らす

教育とは「よい当たり前」をつくっていくことです。

ほめられた時にはできるようになった。

しかし、その次にはできなくなった。

経験という意味では、意味があるかもしれません。しかし、子どもの未来を支えるという意味ではどうでしょうか。

その行為が子どものためになるのならば、それが子どもの体に染み込むまで繰り返さなければ、苦労の割にはさほど意味はないのです。

「ほめる」ということが「できた」ことに対するものであるならば、それを「でき続ける」ようにし、そして、いつしか「当たり前」になることを目指すべきでしょう。

「現在」の出来事を「継続」させ、そして「未来」につなげていく。

繰り返し繰り返しほめる、そしていつしか当たり前になる時が来ます。

子どもにとって、「当たり前」にできることをほめられることは、さほどうれしいことではありません。


うまくいけばいくほど、ほめることは減っていきます。

そして、それは喜ばしいことでもあるのです。

できるようになり、子どもの中ではもう「当たり前」になっているのにほめるのは、教師の自己満足にしか過ぎません。


でも、どうしても声を掛けたくなる時もあります。

では、その代わりになんと声をかければいいのでしょうか。


それは、「ありがとう」です。

できるようになってくれて、ありがとう。その姿を見せてくれて、ありがとう。

そんなあなたがいてくれて、ありがとう。

強烈な「ほめ」には影がある

強烈な「ほめ」は、光です。
スポットライトを当てて輝かせることは必要なことです。
ただ、その光が強ければ強いほど、影もまた濃くなります。
しょせん、人が当てた光ですから、人から見えないところには影ができるのです。
先生の目を気にするがため、先生の見ていないところの行動でネガティブな面が出る。
影をできるだけ少なくするためには、次のような方法が考えられます。
・先生がいないと思われているところで、よい行いをしていることをほめる。
・他の先生から聞いたことを、伝える。
・休み時間もできるだけ子どもから離れない。
特に「縁の下の力持ち」をクローズアップすることが大切です。

「人が見ていないところで、よい行いをしているのが本物だよ。」と。

先生自身が当てた光によって影ができるのですから、影を厳しく叱責するのは無粋だと感じます。

それよりも、また別方向から光を当てる。

一人では無理だから、他の先生の力を借りる。

子ども同士のほめる力を借りる。

子どもが先生が見ていないと思っている場面でのよい行いこそをほめましょう。

しかし、それ以上に、子どもたちを認めることが大切です。

行為ではなく、存在そのものを認める。

認められている感覚がある子は、自らが光り輝こうとします。

そこには、影はできません。

多様な「ほめ」で多様性を引き出す

ほめることは教師の基準に従って、子どもを誘導することでもあります。

しかし、その誘導を少しずつ緩め、自己選択、自己実現させていくことはできます。

そのポイントは「価値観の多様化」です。4月5月の学級をつくる初期段階のほめは、焦点化されるべきであるということはすでに述べましたが、ある程度その目的が達成され始めたら、ほめる観点をどんどん多様化させ、子どもに選択させていくようにします。

例えば、「よく発表できる子」をほめる一方で「じっと話を聞いている子」もほめる。「じっと座っている子」をほめれば、「動き回っている子」もアクティブだねえとほめる。それまで集中してほめていたことと真逆の価値もほめていくのです。

意外性も大切です。例えば「声の出し方がすてき」。これ、なかなかほめられるポイントじゃないようで、子どもたちは割とびっくりしながらこちらの顔を見ます。

教師の価値を疑うことも大切です。

「よく話を聞く子」は、確かに教師にとってはありがたい子ですが、「話を聞かずとりあえずやり始める子」も、社会に出た時のことを考えれば、すごく価値があるのです。

「あまり話を聞かず、とりあえずやり始めてしまう子」＝「行動力があり、自分の頭で考えトライアンドエラーをいとわない子」

「文句ばかり言う子」も、とらえ方によっては「批評的な視点をもちつつ言語化できる子」ととらえることができます。

こちらのとらえ方次第で、マイナスに思えるポイントはプラスに変わります。

もちろん、後者の例で言えば、より感じのよい言語化の仕方を教える必要はあります。

学校から旅立った後の社会は多様です。教師のとらえ方も多様であるべきなのです。

最後に、あれこれ問題を起こしたり、動き回ったり、雑だったりする子に対する多様なとらえ方を保証するよい言葉を紹介します。

「元気がいい」

笑顔で口に出してみると、なんだかその子がかわいくて仕方なくなります☺

ほめる価値を多様化させる

よく兄弟姉妹について話を聞く時に、「全然性格が違うんですけど」と言われることがあります。

それは当然なことです。

「注目されること」を、子どもたちは心の奥底で望んでいます。

それは、年端のいかない幼い子どもでもそうなのです。

お兄ちゃんと同じことをしていては、大人に「注目」されません。

お姉ちゃんが叱られることと同じことをしていても、お姉ちゃん以上に「注目」されることはありません。

そもそも「違う」ように、子どもは自分を表そうとするものなのです。

そう考えると、強力で画一的な「ほめ」は、子どものもっている多様性を損なわせる作用があると考えるのが自然です。

強力ないくつかの「ほめ」＝「価値」しか存在しなければ、それは単一的な「競争」を生み出します。

年度当初、よりよい学級の雰囲気や習慣をつくるという明確な目的があるうちはそのようなほめが必要だと思います。しかし、学級の文化ができはじめたら（あるいは並行して）、ほめる価値を多様化させていきましょう。

例えば、「活発な発表」をほめたとします。

その一方で本当にそれが苦手な子もいるでしょう。その子は「静かに聞く」のが得意なのかもしれません。

真逆に思えるその行為もほめていくのです。

今までほめていなかったこと、子どもから出てきた有用な価値。

それが多岐に渡れば渡るほど、子どもたちは「自然な」状態で多様化していきます。

樹木は、太陽の光を浴びるために、重なり合わないように葉を茂らせます。

多くの恵みがあるように、多くの、そして多様な「ほめ」る価値を提示したいものです。

ほめることで教師の姿勢をつくる

「ほめる」という行為は、子どものためだけにあるものではありません。

「ほめる」という行為は、教師のためにもなるのです。


ほめ続けようとすることで、教師としての姿勢ができていきます。

ほめ続けようとすることで、教師が子どもの悪いところではなく、良いところを見つけようとするようになります。

ほめ続けようとすることで、ワンパターンな自分の価値観に疑問をもつことができます。


「ほめましょう」と言っても、最初はなかなかほめるところが見つけづらいのです。

でも、ほめようと思ってじっとじっとその子を見ていると、ほめることができるポイントが見つけられるようになってくるのです。

子どものマイナスの部分には、できるだけ関わらないというのは重要な技術ですが、ほめるということに集中していれば、マイナスの部分にはあまりこだわらなくなってきます。

また、それまでもっていた「自分のほめの基準」だけだと、ほめることができない子や、子どもをほめきれないことに気づいていくのです。

ほめることは、教師が肯定的に子どもをとらえようとする構えにつながる。

ほめることは、子どものためだけではありません。

教師としての姿勢を形づくっていくことにつながるのです。

苦手さのある「あの子」は上手にほめて伸ばす

特別な支援が必要だと考えられている教室の「あの子」。

ほめることは「必須」です。

ほめられること、できたと感じること、ドキドキワクワクすること。

こういうことを経験することで、「あの子」は安定してきます。

力強くほめましょう。

できたと感じさせましょう。

また、「あの子」の中には長い指示や抽象的な話を苦手としている子もいるようです。

ですから、「じっと座っている」よりは、より具体的な「5分、足を床につけている」という行為が、「話をしっかり聞く」よりは「話をしている人を見る」という方向を示す方がより伝わりやすい「ほめ」となります。

そして、それができたらすかさずほめる。

淡々とではなく、喜びと驚きの感情を込めてほめる。

そうすることで、ワクワクドキドキが増えていきます。

具体的に提示し、具体的にほめていきましょう。

そうすることで、「あの子」の気持ちは安定していき、できることが増えていきます。

それと同時に、不適切に見える行動も減っていくのです。


「あの子」をほめることは、他の子へも影響していきます。

「あの子」がほめられることで、行動が少しずつ安定していきます。

「あの子」を見る目が変わってきて、関わり方も変わってきます。

そうすると、より「あの子」は安定してくるのです。

今まで迷惑だと思っていた「あの子」がほめられることを見て、他の子も頑張ることがあります。その子も同じようにほめましょう。

「うらやましい」そう感じる子も、「あの子」の一人なのかもしれません。

「ほめること」は結局「支配」につながる

冒頭に、ほめることの意味を書きました。

「方向性」と「基準」

ここで少し冷静に考えてみたいと思います。

「先生がほめた方向に子どもたちは動き、先生の示した基準に向かって努力し、できたら喜ぶ。」

文字にするとすごくないですか（笑）

「ほめること」は、結果的にある段階から「支配」に移ります。

それが、意図的かどうかにも関わらないところに怖さがある。

その支配が続くと「洗脳」につながる。

よい癖付けは必要だと思います。

そして、子どもをあるシステムの中で伸ばしていくなら、方向性と基準を示すことはとても大切です。

ただし、それは「支配と表裏一体」だということは、頭の片隅に置いておかなければなりません。

そして、そのバランスをとり、子どもたちが自分たちでよりよいものを選択できるように、常に選択肢を示し、選択させるということを多く取り入れたいのです。

そして、その失敗をも受容する。

そうして、子どもたちは支配という側面を含んだ「ほめ」から、卒業していくことができるのです。

その先に「認められる」という経験を通して、自分を、そして他者を認め、自分らしく選択し、決断し、行動していく「主体的な存在」になることにつながっていくのです。

では、「認める」というのはどういうことなのでしょうか。

第4章「子どものあるがままを『認める』心得」で、詳しく述べていきたいと思います。

第3章

子どもが変わる「叱る」ルール

一歩「叱る」を間違えると子どもの心が離れクラスが荒れる原因になりかねません。けれど「叱る」は指導には欠かせません。慎重に、効果的に「叱る」ためのルールを伝授します。

副作用を理解し、それでも叱る

叱ることは「ライン」を引くことです。
叱ることには「ルール」や「マナー」をはっきりさせるという機能があります。
そして、もう一つの機能は「停滞している心情を揺さぶる」ことです。
有効に使えば、やる気を引き出し、教室をぴりっとした空気にすることができます。
ただ、それはよいことばかりではなく、間違いなくデメリットがあります。
それは、子どもたちの「自尊感情」を間違いなく引き下げるということです。
そして、教師との距離も広がるということです。
昔とは学級づくりにおける教師の役割は変わってきています。
昔は、教師は「指導者」であるという社会的なコンセンサスがありました。
だから、厳しく基準を示す教師像が正しいとされていたのです。

ただ、今は違います。

例えば、問題行動を起こす多くの子どもは仲の良い友達が少ない「つながり」が薄い子どもたちです。

誰かと適切につながっていれば、大きな問題は起こしにくくなります。

前後の文脈が十分ないままに叱ることで、その「つながり」は、時としてぶつんと切れ断裂してしまいます。

かつて担任した子どもたちのことを思い出します。

大きな声で叱ることで、教師の権威を確立し、学級運営や授業を行おうとしていたのです。

「その日」までは、子どもたちと楽しく過ごすことができていました。

お兄ちゃん先生というだけで、学級経営も授業も下手くそだった私を彼らは「許して」くれていたのでしょう。

しかし、教師の威厳というものを歪んでとらえていた私は、一喝するという方法を選んでしまいました。

「ぶつん」

そんな音が聞こえたような気がしましたが、その時の私は気づいていませんでした。

その後、彼らとの距離は広がり、多くの子たちとの距離は最後まで近づくことはありませんでした。

そして、自尊感情を傷つけられた彼らはまた、自分の本来もっている力を発揮することはありませんでした。

苦い苦い記憶です。

叱ることは「劇薬」です。

必要な時には、勇気をもって使うべきだと今でも思います。

ただし、誰が言うか、どのような場面で言うか、その前後の文脈はどうかということを考慮しない叱責は、毒にしかなりません。

ルールを示す。やる気を引き出す。

それは、叱ることなく達成されることでもあります。

叱るという方法一つとってもいろんな方法があります。

そして、叱ることも軽重があり、できれば劇薬ではなく、もっとゆるい薬や漢方、あるいはサプリメントのような方法で「叱る」ようにしたいものです。

ほめることはポイントで構わないと思います。

しかし、「ラインを出たら叱る」のだという鉄則を意識しておくべきです。

ついつい、気がつくことに腹を立て、何でもかんでも叱ってしまう。

学級が荒れるか、子どもが心を閉ざしてしまうか、そのどちらかしか未来はありません。

あらかじめ「○○は叱るよ」とラインを示しておく。

その上でラインを超えたら叱る。

ほめポイントはたくさんもっていると、教師も子どもも幸せになりますが、叱るポイントはもっている必要がありません。

そもそも叱り始めると、悪いところばかり目につきませんか？　そして、険悪な雰囲気になり、「ああ、なんでうまくいかないんだろう」と思ってしまいませんか。

短期的に叱るポイントだけ突いているとどうしてもそうなりますが、長期的に見ると、「今の時期に大切にすること」「長い目で見逃してよいこと」があることに、少しずつ気づいていきます。

そして、叱る時に判断するのは、ラインを出たかどうかだけ。

そこに注視します。それを「規律」というのです。

叱る意味を考える

なんのために叱るのか？　という問いは、教育の本質的な問いとつながっています。

そもそも、あなたはどんな子どもにしたいのでしょうか？

そして、どんな学級をつくりたいのでしょうか？

この問いに対して向かい合わなければ、「なんのために叱るのか？」という答えをもつことはできません。

そして、できれば「叱ること」ではなく「ほめる」ことで教えたいと思っています。

なぜなら、やろうと思っていてもできないのが子どもだからです。

それでもなお、叱らないといけないことはあるでしょう。

あえて、教師に「勝つため」にしているルールやマナー破り。

見つからないように計算しながら行ったいじめやずるい行為。

そのような、こちらの目を意識しながら、ある意味冷静に行っている不当な行為については断固としてラインを引くことはありえるでしょう。

しかし、それは「何のために叱るのか」という目的に沿ったものであるかどうかを考えなければなりません。

そして、それ以上に先生はどんなクラスをつくりたいのでしょうか。

「厳しく統率された凛々しいクラスをつくりたい」というならば、定義に従って叱ればよいでしょうし、叱ることで教師の権威を示せばよいのだと思います。

しかし、「優しく温かいクラス」をつくりたいのであれば、そのラインも緩やかであるべきでしょう。

子どもの様子や学校の様子によって、そのラインは変わります。

しかし、もっと大切なのは、先生が何のために叱るのか。

そして、それによってどんなクラスをつくりたいのか。

この二つを頭の片隅に置いておく必要があると思うのです。

原則を決めて叱る

学年開き。子どもに「なんのためなのか」を説明しながら、より子どもに分かりやすく「何を叱るのか」について話をしています。具体的に説明するために、植草学園大学教授の野口芳宏先生が主張されている「叱る三原則」を紹介します。

叱る三原則
1　命に関わる危ないことをしたとき
2　人の不幸の上に、自分の幸せを築こうとしたとき
3　三回注意されても、直そうとしないとき

1で叱責することは、場合によっては、逆に危なくなる場合もあるので、叱るタイミン

グと叱り方については考える必要があるでしょう。

例えば、「3階の手すりの上に立っている」(あまりないですね　笑)というシチュエーションなら、大きな声で叱ると逆に危ないですし、棒などを振り回していて、すぐに止めないといけない場合は、大きな声で叱ってもよいでしょう。

2は、一番分かりやすい例として「いじめ」を挙げます。

誰かが困っているのが分かっていて、自分が喜ぶ。

誰かが損をするのが分かっていて、自分が得をする。

そういう行為に対して叱るということを明確にしておきます。

ただ、その具体的な運用や範囲は学校や学級の実態と、教師と子どもの関係性で変わります。どこでラインを引くかをはっきり決めておきましょう。

そして、子どもたちの目線から見て不公平がないように運用しましょう。

最後の3については、理不尽な要求をしないというのが前提です。

能力に関するものも当てはまりません。「漢字テストで100点を取る」ことには適用されません。当たり前の話ですが。そして、「直そうと」というのは、ポイントです。しようとしていたら、叱らなくていいのです。

「怒る」と「叱る」の違いを知る

しばしば話題に上るのですが、怒ると叱るの違いって何でしょうか。

簡単に言うと

怒るは、怒ることそのものがゴール。

叱るは、後でほめることがゴール。


よく感情を伴うかどうかで判断するということを聞きますが、どちらにしても感情は伴います。怒りの感情を。

でも、それは悪いことではないと思います。

だって、その子のために本気なんでしょう?

時に、涙が流れてしまうくらい本気なんでしょう。

本気になれば、腹も立ちます。その代わり、その子ができるようになったら、涙が出るほどうれしいでしょう。しかし、一時の感情で怒りを表し、支配しようとするならば、多くの場合その子のためにはなりません。では、どうするのか。

怒りの感情を表す時に、この後、この子をどうよくしよう。叱ったことをできるようにするにはどうしたらいいんだろう。

ほんの一瞬でもいいから、そう立ち止まって考えるのです。

その瞬間、教師の行動は、怒るではなく、叱るに変わるのです。

「叱ることに躊躇してはいけない。でも、叱ることに酔ってはいけない。」

叱るという行為自体は、時に教師にカタルシスを与え、また不必要な高揚感を与えることがあります。

叱るという行為は即時的な効果があるため、教師にとって支配欲を満たし、小さな達成感をもたらすことがあります。

しかし、そこが落とし穴です。叱ることはあります。本気で子どもに向かい合っていれば。でも、叱っている時に、見えてほしいものがあります。

叱らなければならない状態は、決して子どものせいだけでなく、プロであるこちらの見取りの力を含めた力不足という面もあります。

人間関係のトラブルに「10対0」は、ほとんどありません。

しかし、それでもなお、子どもたちのために、叱らないといけない時はあります。

周りの子のために。そして、ひいてはその子のために。

不安と恐怖は耳をふさがせます。

本当に教師の言葉を届けたいなら、叱った後にこそ力を注ぐべきなのです。

例えば、大きな叱責の後、即「ニカッ」と笑ってみましょう。

落差があるので、子どもたちはホッとすることが多いのです。

その後、「何が悪かったか、分かってるかー。」と明るく聞けばよいのです。

また、厳しく叱った後は、子ども教師も気持ちが高ぶっています。

ちょっと落ち着いたら、冷静に何をしたかったか、これからどうしてほしいかを子どもに伝え直しましょう。

そして、きっとあなたならできるよとその子への思いを伝えましょう。

あまりにもしつこいのは嫌がられますし、さらに説教が始まれば、心は離れていきます。

シンプルで短い言葉でこうなってほしいという、愛情に溢れた言葉を伝えましょう。
ところで、叱った後のゴールについて考えたことがありますか？
叱るのは、「できなかったことをできるようにするため」ですよね。
大切なのでもう一度繰り返します。

叱ることのゴールはほめることです。

叱った後、頑張れと励まし、できるようになる道筋を示し、頑張っている様子に寄り添い、そしてできたことを一緒に喜ぶ。

それこそが、「叱る」ことのゴールなのです。

軽重をつけて「叱る」

一口に「叱る」と言っても、レベルの違いがあります。

「叱る」＝「叱責する」というイメージがありますが、決してそんなことはありません。

「叱る」という行為を「それはいけないよ」ということに気づかせ、教えるための行為ととらえてみましょう。

そうすると、「叱る」という行為にも軽重がつけられます。一例を挙げます。

レベル１　「今〇〇しているよ」という行為の確認
レベル２　代替行動（こうしたらより良いという行動）を示す。
レベル３　顔をしかめる・おしいと言う・笑顔で駄目だし
レベル４　Ｉ（アイ）メッセージ（「ぼくは、こう感じる」と伝える。）

レベル5　淡々とした注意・教え諭す
レベル6　怒りを含んだ注意
レベル7　厳しい声での叱責
レベル8　天地もひっくり返る位の叱責

必ずしも「叱る」＝叱責ととらえなくてもよいことに気づくでしょう。

時々、ご自分のキャラクターに合わない叱り方をして、自分自身も傷ついている先生にお会いすることがあります。

叱ることは必要ですが、自分のキャラクターに合わせて使い分けをする必要があります。

そもそも、明るくて優しい先生がそのキャラクターを遺憾なく発揮していれば、教室に大きな問題は起こりづらくなります。

そして、そのキャラクターに合わせて、叱り方もまた選ぶべきです。

レベルが低い「叱る」は、効果はゆるやかでも、気づきを期待する分、長続きします。

そう考えると、そんなに大きな声で叱るという行為が必要だとは思えなくなってきます。

表情を消す

笑顔も、怒った顔も、子どもにとっては理解しやすい表情です。

理解しやすいというのは、ある意味安心できる要素です。

逆に、表情が読めないというのは、相手に不安を感じさせます。

例えば、サングラスをかけている人に対するなんとも言えない恐さの正体は何でしょうか。

それは、やはり「表情が読めない」ということに尽きると思います。

「何を怒っているんだろう」「どうしたらいいんだろう」そういう思考を促すのです。

厳しい表情、怒っている表情。

それもまた、子どもたちに緊張感を与えるでしょう。

しかし、同時に「恐怖」も与えます。怖さによる支配です。

ちょっとした緊張感を与えながら授業をスタートさせたい時に、「表情を消す」ことで、教室は静かになり、適度な緊張感をもってスタートすることができます。

「静かにしなさい。」という一喝など必要ありません。

無表情になるということは、なまじ大きな声で叱ったり、いやみたらたらで文句を言うよりも大きな効果を発します。

子どもの不適切な行動。無軌道な行動。

叱る前に、無表情で子どもの前に立ってみましょう。

怒りの表情も、不安の表情も一切浮かべず、ただ無表情で少しの時間立ってみる。

その間に、子どもたちが自分で考えて、行動を正せば「素晴らしいね。」とほめることができるでしょう。もし、ダメなら「おしいなあ。」と伝えてみる。

それでもダメなら、淡々と「今の状況はおかしい。○○をしなさい。」と伝えてみる。

そうやって低いレベルからスタートしてみるとよいのです。

こうして、叱る技術を多くもっておくことで、子どもの心を離さず、効果的にしてほしいこと、なってほしい姿を子どもたちに伝えることができるのです。

短く叱ってしっとり諭す

大きな声で叱られている子を見ることがあれば、その様子を観察してみましょう。

次のうち、どちらかだと思います。

その人の方を見ないようにしている。

その人の方をじっと見ている。

簡単に言います。

人間は、多くの場合「視覚」から情報を得ています。

ものの本によると、8割が視覚から情報を得ていると言われています。

いくら本気で話をしていても、多くても残りの2割以下からしかその話によって情報を得ていないということなのです。

しかし、大きな声で叱責された時、その少ない2割はさらに減少します。

脳の中で、耳をふさぎ、目から情報を得ようとするのです。

あるいは、その目から入る情報そのものを遮断し、何も聞かない、何も見ないという状況をつくり出すのです。

大きな声で長い時間叱られても、その言葉はほとんど入っていないと考えていいでしょう。

それでも、その子の行動が変わったとしたら、それは単に萎縮しているだけです。

よくても、幼い子どもが自分の頭で恐怖と戦いながらああでもない、こうでもないといろいろな想像をしながら行動しているだけです。

大きな声の叱責は、短い時間で「叱られた」と感じさせればそれで十分なのです。

そして、その後何がいけなかったのか、この後どうしたらいいのかをしっとりと話す。

その子の気持ちを聞きながら、何からならできそうかを一緒に考える。

そして、きっとできるよと励ます。

それを、落ち着いたトーンでしっとりと伝えるのです。

そうすることで、初めて本当の意味で叱責が意味あるものになるのです。

選択肢を提示する

叱る時に「次はこうしなさい。」と伝えることがあります。
それでもよいのです。
することが明確なら、子どもたちも理解しやすく、行動に移しやすいのです。
ただ、そこから一歩進めてみましょう。
叱った後、
「次に同じようなことがあったら、どうする?
1　今日と同じように怒る。
2　先生に相談する。
3　我慢する。
どれにする?」

選択肢を示し、そこから選ばせることで、自分との約束をすることになります。

「やりなさい」という「命令」よりも、「自分で選んだ」という行為の方が重いのです。

教室の「あの子」には特にそういうことが重要です。

「人のストーリーではなく、自分のストーリーを描かせる」

それなら、次にできなくても、次に頑張ろうと思えるかもしれません。

先生は、「次はできるよ。」「大丈夫。」そう勇気づけたり、「自分で決めたことなんだから、次は頑張れるでしょう。」と笑顔で要求することもできるのです。

繰り返しますが、シンプルに「こうしなさい」の方がいいことも多いのです。

ただ、何度やってもうまくいかない子、繰り返し同じことで叱られている子には、選択肢を示してみましょう。

その中に、その子が納得し、できそうな選択肢があれば「やってみよう」と思えるかもしれません。

そうして、自分で選んだ方法に向かってちょっとずつ努力する様子を、私は美しいと思うのです。

教え諭す

「叱る」という行為を、「気づかせ、よりよい方向に向かわせる」と定義します。

そう考えると、教育において最も大切にされるべき「教え諭す」という手法に集約されるのではないかと考えます。

子どもと現状を確認し、それについてどう考えるかを問い、教師は丁寧に答える。

「先生はこう考えるんだけど……」と、その子が納得するように語りかける。

「結構ひどいこと言っちゃったよねえ。」

「だって、○○さんが先にぼくのことを馬鹿にしたんだよ。」

「どういうこと？」

「ぼくが、間違った時に笑ったんだ。」

「へえ。でも、ああいう風に言うのがちょうどよかったと思う？」

「だって、本当に腹が立ったんだもん。」

「でも、本当に君のことを馬鹿にして笑ったのかな？ そして、もし笑ったとしても、その笑ったことに対して、『ちょうどよかった』と言えるくらいの悪口？」

「……」

「そして、それを聞いていた周りの人は君のことをどう思うだろう。」

「君は得をしたかな？」

「……していない。」

「次にさ、もしおんなじことがあったら、『今笑われたような気がするんだけど』って確かめてみた方がいいんじゃない？ で、笑ったらそこで初めて『とってもいやな気持ちがする』って言ってみたら？」

「いや、それじゃすっきりしないよ。」

答えは出るかどうか分かりません。

でも、そうやって子どもとやりとりをしながら、納得させる。

そういう「教え諭す」という行為もまた大切にされるべきだと考えるのです。

「叱られた」を演出する

友だちを叩いてしまった子がいます。

殴った本人も泣きじゃくっていて、「謝ろうね。」と言っても謝れない時があります。

実は、そういう時は、その殴った子本人も辛くて辛くてしかたないことがあるのです。

人に謝るという行為は、ある程度自分に自信がなければできません。

最初に叱責することで、より頑なになりマイナスの行動が増えることにつながることもあります。

しかし、された側からすれば自分が嫌なことをされたら、相手は罰を受けてほしい。

こう思うのは至極当然の話です。

しかし、叱ることでより不安定な状態になると分かっている子を叱り飛ばす必要はありません。

そういう時には、叩いてしまった子と**別室で話をする**という方法をとるのです。

少し怖い顔をして「ちょっとこっちに来なさい。」とその子を呼ぶ。

そうすると、周りの子は「叱られるんだな」と**勝手に**思ってくれます。

しかし、実際はその子の話を「困ったことがあったんだね。」と聞き、受容を中心としたカウンセリング的な対応をします。

そうして、話をしっかり聞いた後、じゃあ10のうちいくつくらい君が悪い?と聞いて、じゃあ6くらい謝ろうと言えばいいのです。

自分が謝れなかった分、相手にも寛容になりますから相手が4謝るのは許してくれる場合も多いですし、あらかじめその4は許してあげようと言えば、いいよという子は多いのです。

もちろん、教室に帰る時には「しょんぼりした」顔になるように演出する必要はあります。

でも、実際は叱られていなくても、周りの子や被害者には「叱られた」と感じているのですから、その時点で少しだけ、それまで全く謝れなかったその子に対する風当たりは弱まっているはずです。

7割主義で「叱る」ことをスルーする

「叱ることは報酬である」

虐待の中でも特にダメージが大きいのは、性的虐待とネグレクト（育児放棄）だと言われています。「関わってもらえない」のは、子どもの、いや人の心を大いに傷つけます。

逆に考えてみると、「叱られるという行為」は濃密な関わりです。

ある意味、関わっているという報酬に当たるのです。

不適切な行為をする↓叱る（＝報酬）↓再度不適切な行為をする。

この流れが強化されていく様子が散見されます。

この流れを一度切ってみましょう。つまり、**不適切な行為をする↓スルーする**のです。

ここでのスルーは、教育的な「無視」です。

続けてみて、その行為が減ってきたなら効果ありです。

スルーと同時に、その不適切な行為と真逆な適切な行為を見つけてほめましょう。

例えば悪態をついていた子が、優しく、いや普通に話をしている。

その当たり前の状態に関わるのです。例え、緩やかでも。

叱るという行為は、いかにも「指導しました」「指導しています」というのが見えやすく、一見短い時間で指導が終わるように見えますが、本当にその子をよくしようと考えるなら逆に遠回りであることも多々あります。

これは集団にも当てはまります。

よくできている子に関わり、不適切な行動をしている子はできるだけスルーする。

例えば、きちんと座る、話を聞く。

最初のころは7割くらいでもいいんじゃないでしょうか。

残りの3割を叱っている間に、できている子をほめる。3割の子はスルー。

そして、残りの3割の子に少しずつ関わっていき、1年が終わる頃には全員ができるようになっている。叱られてできるようになったのではなく、自分で選んでできるようになった子は強いのです。

叱る前に事実関係をはっきりさせる

事実関係がはっきりしないのに、叱るのは大失敗のもとです。
特にいじめた、いじめられたという話は注意が必要です。
基本は一人ずつ話を聞く。
した方、された方、周囲で見ていた子。それぞれを**分離して**話を聞きます。
その上ですりあわせをします。
そして不自然な部分があれば、もう一度確認する。
その上でみんな立ち会いの上での話し合いを行います。
弱い立場の子が、後から仕返しされないように、よくよく釘をさしておきます。
「この話はお家の方にも伝えますからね。」「後から違う話が出ないようにね。」と。
全体での話でまたずれが出てきたり、新しい事実が出たりすることもあります。

ただし、昔話はさせないようにします。

しばしば、「幼稚園の時に」とか、「1年生の時は」のような昔の話をもち出して説明する子がいます。

「ごめん、昔話はきりがないから聞かない。」

そう宣言して、「今の話をしよう。」と子どもに伝えます。

「それでも」と食い下がる子には、「それ一生覚えて恨み続けて君は大人になっていくの？　不幸だよ。」と伝えます。

目の前で明らかに不適切なことをした時は、叱ればいいんです。

でも、目の前で起きていないこと、いや、一部始終を見ていないならば、まず「なぜ、何が、どうした」ということを確かめてから叱るようにした方がいいのです。

「疑われた」「決めつけられた」「信じてもらえなかった」

そういう思いは、例え表出しなかったとしても、子どもの心の中にはずっと存在し続けるのですから。

期待していることを伝えるために叱る

子どもを伸ばすために「叱る」。そういうことは、ままあるでしょう。

喜びも怒りも表出しない教育を私は信じません。

子どものために本気であれば、そのような感情はわき起こるでしょう。

「もっと頑張れ」「まだできるだろう」

そのような励ますための「叱る」ことも必要です。

ただ、忘れてはいけません。

「叱咤」と「激励」はセットです。

頑張れない子をただもっとやれと追い立てるように叱ることで、やる気を失うことはよくあることです。

何度も繰り返します。

「何のために」を失えば、全ての方法はその行き先を失います。

自分の学級や実践をよく見せるために叱ってしまうことはありませんか？

そういう理由で頑張れと言ってしまう弱さに向き合いましょう。

そこには、結局幸せは訪れません。

子どもが幸せにならないのに、教師が幸せになるわけはありません。

子どもを伸ばすために「叱る」のです。

「もっと君ならできるだろう。」

そういう信頼感が伝わっているか。期待が本当にその子のための期待であるか。

それは、日常のその子に対する関わり方で規定されます。

そして、できるようになった時には、叱った時以上の喜びという感情があふれ出しているか。

叱ることのゴールはほめること。

そして、叱咤激励のゴールもまた、ほめ、そして子どもと一緒に心の底から喜ぶこと。

そのような「叱る」は、どちらも幸せにすることがあると思います。

総意を問うて叱る

いったん「叱る」と決めたら、勝たなければなりません。

本気で叱っているのに、相手が勝つ。その時点で叱ることはマイナスにしかなりません。

学校というのは、誰かの不利益の上に、誰かの理不尽で自分勝手な利益が構築されることもある場なのです。そういう時には、何が何でも正義を貫く必要もあるでしょう。

「大きな声で叱る」「威圧する」。決して肯定はしませんが、否定もしません。

ただ、別のアプローチもあることを知っておいていただきたいと思います。

ともすれば、子どもは「叱られる」という行為は個と個の関係ととらえています。

「これは、悪いことではなく先生、ただあなた個人がいやなだけなんでしょ。」と。

それが、他の子の気持ちを代弁していても、そうとらえない場合があります。

「集団の総意を問う」という選択肢があります。

「こういうことがあった場合、それは許せる？」

そう問うて、全体の意見を確認します。ここでは、個の名前を出す必要はありません。

よりよいのは、例え話に話をすり替えるのです。「そういえば、子どもの頃にこんなことがあったんだよ。」から始まる、その子にだけ分かる例え話。

最後に「そうか、そういうことはみんな許せないんだね。先生もそうだ。許せない。」と力強く言う。

それだけで、絶対的な抑止力が発揮されることがあります。

もし、この例え話で子どもたちが「いや、いいんじゃない。」と言うならば、その時点で、そのケースで叱っても納得させづらいと考えるべきでしょう。

その段階の子どもたちや、そのコミュニティによってルールやマナーは変わるからです。

先生の常識や感覚が、必ずしもその子たちと同じとは限りません。

もし、先生が感じることを子どもたちに感じてもらいたいなら、普段の授業や生活の中で「こういうのが心地いいね」と快の感覚を味わわせるとよいでしょう。

快をいったん味わうと、その反対の不快に子どもたちは敏感になっていくのです。

一晩「叱る」ことを寝かしてみる

もうどうしようもなく腹が立つこともままあります。

叱ることもほめることも、基本は「即時」です。

今したことをほめる。
今したことを叱る。

しかし、ちょっと立ち止まって考えた方がいい時もあります。
叱りたい事柄については間違いはないけれど、それ以上に感情が高ぶっていることが自分で分かる時があるでしょう。

「そこまで叱ることではなかった」

「もうちょっとよく聞いて叱ればよかった」

そう後悔したことはありませんか？

私自身、その場の激情で叱り飛ばして後悔したことが過去に何度もあります。


そういう失敗をしないために、私は**「一晩寝かしてみる」**ようにしています。

人の怒りの感情は思ったほど続きません。

時間を追うごとに冷静になっていきます。

その上で、どう叱り、どう諭し、どう決着をつければいいか戦略を練るのです。

そうしてよく考えた上で叱る。


そうすることで、大きな後悔はしないと思うのです。

怒りが大きければ大きいほど、ちょっと寝かす。

あるいは、「後で話す」ということが必要ではないかと思います。

「叱る」ことを一回やめてみる

学級がうまくいかなくて、叱ることがどんどん増えていく時はありませんか?

そこで、問いたいのです。**それでうまくいっていますか?**

叱って、最初のうちはその場は言うことを聞くかもしれません。

しかし、どんな刺激にも人間は慣れていきます。

叱っても言うことを聞かない、さらに叱る。言うことを聞かない。もっと厳しく叱る。

それで、最終的にはどこに行き着くのでしょう。

自分自身を否定する人の言うことを聞こうとする人は、そんなに多くありません。

叱ることが多くなれば、どんどん心は離れていきます。

叱り続けてうまくいかなくなったら、一度完全に叱るのをやめてみませんか。

叱ることを指導の中心に考えると、子どものネガティブな部分に注目しがちになります。

人間は多面的です。良いところも悪いところもある。しかし悪いところばかりに注目して、また叱る。悪循環です。

信頼関係が結べていないなら、結べていないほど、叱らない期間は長くなります。

叱らないと、何をどうしたらいいか分からないと感じる方が多いことも分かります。しかし、明らかにうまくいっていない方法は変えるべきです。

そして、「叱らない」ということを選択したからこそ、別の方法を教師は考え始めます。

語ること、出来ている子を認めること、あらかじめ説明してほめられるようにすること、楽しいことをたくさんして、子どもたちのネガティブな部分が表面に出ないようにすること。

方法はいくつでもあります。

その方法の多くは、叱ることに対して「即時的な効果」がないように見えます。

教育に「魔法の杖」はありません。栄養豊かな食事が私達の健全な体をつくるように、豊かな関わりや指導は時間はかかりますが、子どもたちの健全な心をつくっていきます。

叱ることを一度やめてみませんか？

それがきっと「好転」への小さな一歩なのです。

できないことは叱らない

「よく話を聞きなさい。」

そういう叱責をしている姿を見ることがあります。

その叱っていることが、果たして適切なのか、疑問に思うことがあります。

叱られていることは「心情面をもとにした態度の問題」なのでしょうか。それとも、「能力の問題」なのでしょうか。

冒頭に例として挙げた「よく話を聞く」のは、多くの場合「能力」であると考えられます。

「じっと聞く」のは、実はかなり難しく、力のある教師ほど「聞く力」を育むことに力を注いでいます。

例えば、どのようなことが「能力」によるものなのでしょうか。

私が考える例を以下に挙げます。

「手を挙げること」・「大きな声を出すこと」・「素速く動くこと」・「気づくこと」・「丁寧に書くこと」・「きちんと座ること」・「話をすること」

これらのことは、「能力」なので、最初はできなくて当たり前、そして、できるように工夫を重ねながら、育て鍛えていくべきことだと考えます。

叱ってできるようになるなら、こんなに楽な仕事はありません。

叱ってもできなくて子どもが途方に暮れているなら、それはやり方を間違えているのです。

できないことは、教えてできるようにする。

今、叱っていることは、心情面からくる態度の問題でしょうか。

それとも、能力の問題なのでしょうか。

しっかり子どもを見て判断し、それでも叱るべき時には叱ればよいのです。

デタラメな言葉で明るく叱ってみる

叱りたいけど、明るい雰囲気を崩したくない。
そういう時に使える「邪道」だけれど、効果的なテクニックがあります。
そう、タイトルにもあるように「デタラメな言葉で叱る」のです。
言葉にならない言葉で叱る。
顔もまじめ。声も張りがある。
どう考えても、「叱っている」としか思えない態度と声の出し方で叱る。
「ぺっちゃぼろくろばそばぶきゃればば」
もちろん、この台詞、何の意味もありません。
デタラメ。適当です。
叱っている本人も、つい笑ってしまう。

子どもたちも笑ってしまう。

でも、叱っている声のトーン、叱っている声の大きさなので、子どもたちは叱られていることを理解しているのです。

で、ちょっと落ち着いたら「ちょっと次はこうしてほしいんだけど」と伝える。

叱っているように声も出して先生自身もなんとなく目的達成されたように感じる。

しかも、子どもたちはびっくりしながらも笑っている。

もちろん、びしっと伝えないといけない時には使いません。

ただ、「静かにする」とか「もっと速く動く」とか、先生だけが困っているとき、この方法はフィットします。

そして、叱られているのに、教室が明るい雰囲気になります。

厳しくびしっと叱るだけが、叱ることにはつながりません。

子どもたちが納得して次の行動が変わればいいのです。

こういうちょっと変わった方法も考えてみると、先生方も少し心が軽くなるでしょう。

集団のために叱る

集団は環境です。

いくら個を重視しても、集団という環境がぐじゃぐじゃなら、その個が伸びることは非常に難しくなります。

個のことを考えると叱らなくてもいいことでも、集団のことを考えれば叱らないといけない場面も出てきます。

ポイントは「担任がコントロールできる範囲」に収めることです。

このコントロールの幅は個人によって違います。

それは感情的に許せる幅にもよりますし、授業の巧緻によっても変わってきます。

例えば友達同士の言葉遣いの荒さでも気になる幅は違うでしょう。

その気になる幅は個性の差だととらえることもできます。

また、授業がうまければ「静かにしなさい」「話を聞きなさい」と言わなくても、徐々に話は聞く子に育っていくので、ことさら叱る必要はなくおいおいと教えていけばいいのです。

しかし、授業がうまくなるには通常やはりある程度の年月がかかります。

そう考えると、最初の段階では授業をスムーズに進めるために叱ることも必要です。

何でもかんでも叱るのではなく、枠に収めるという意識はもっていないといけません。

ほめるのはポイントですから、思いついたことをどんどんほめていっても害はさほどありません。しかし、叱るのにあれもこれも思いついて叱っても、ラインを引いて枠を示すことはできませんし、子どもの心は離れていきます。

子どもに何を叱るかをはっきり伝え、それについては叱る。

もしかしたら子どもによっては、その理由がはっきり理解できないこともあるかもしれません。納得しきれないかもしれません。

しかし、周囲の子に「これがルールだ」「このラインを出たら叱られるんだ」ということを示しておくことは、最初の段階では個よりも優先することがあるのです。

それでもなお、一喝することを躊躇しない

実はこの本は一貫して「叱ることを減らしてみませんか?」というスタンスです。

しかし、特に若い先生方にとって叱ることはやっぱり必要だと思います。

学級を自分がコントロールできるようにしておくこと。

もちろん、教師に力がつけばつくほどさほど叱らなくても学級は運営でき、授業にも子どもは喜んで参加するようになってきます。

しかし、そんな力はいきなりはつきません。

優しくて叱ることが苦手な先生のクラスがぐじゃぐじゃになり、子どもたちの安全も学びも確保されない状況を見ることがあります。教室の中に「正義」が存在しないのです。

叱りましょう。子どものために。一喝を怖がってはいけません。

自分のコントロールできる範囲に収めましょう。

そして、一度叱責すると覚悟を決めたら子どもに勝たなければ意味はありません。

子どもに嫌われるという怖さはもちろんありますが、**人間関係ができていれば、**まっとうなことで1回や2回叱ったからといって、そんなに簡単に子どもとの関係は崩れません。

それどころか正義が守られたと安心する子はたくさんいます。

ルールを毅然と示すことを望んでいる子もまたたくさんいるのです。

もちろん、何でもかんでも叱ればいいというわけではありません。

次のような視点は何度も繰り返しますが、必要です。

○ルールをはっきりさせあらかじめ伝えておく

○約束させる

○具体的に何をすればいいか伝える

○希望をもたせる

ただ、知っておいてほしいのは、叱っているうちに自分の指導力が上がったように思ってしまうことがあるのです。**「叱ることに酔わない」**というのはとても大切なことです。

そして、叱らないで子どもを伸ばしていく世界が職人である教師の世界にはあるのです。

荒れたクラスは、その指導を考え、それでもなお叱る

ほめるのところで、「前年度叱られすぎている」という話を書きましたが、荒れているクラスのもう一つの型には「叱られるべき時に叱られていない」というものがあります。

その場合にはぴしっとラインを引き直しましょう。

もちろん、予告します。何がダメかを具体的に伝えます。

例えば、「授業中は先生の許可なく立ち歩いてはダメ」というルールを確認する。

それでも、なおそのラインを平気ではみ出せば一喝します。

叱るぞ、と言って、叱らなければ、このラインはないも同然と子どもは判断します。

教師の指導者としての立場は失われるのです。リーダーとして存在できません。

学級は最後まで落ち着きません。

かつて参観日でさえ脱走する子が何人もいる学級を担任したことがありました。

ある時、常識を越えたかなり不適切な行為をしたので、厳しく叱責しました。
その時、彼は次のように言いました。「○年生のつもりでやっていた。」
つまり、彼にとっては、学校に明確なルールがあるという意識がなかったのです。

言ったらやらせる。

それをなあなあで済ませてしまうことで、ルールが存在しない学級（＝環境）ができあがってしまっていたのです。

ルールを確認し、「これくらいいいだろう」という行動に対して、毅然と「ダメ」と言う。
こうしてラインを引き直していくことで、学級の秩序はつくられていくのです。

ただし、教師に根強い不信感をもっているクラスの場合は、まずは子どもたちとの人間関係をつくることが先決です。

ほめ、認め、受け入れる。そこからスタートすることが優先される場合もあります。
いくら正しいことを言っても、子どもたちが教師の言葉を受け入れる状態になっていなければ意味がありません。

コップが上を向いているからこそ、水を注ぐことができるのです。

苦手さのある「あの子」を叱る

特別な支援が必要だと言われている子どもたちは、**何が適切で、何が不適切か、具体的に理解していない**ことがあります。

本人が理解できていないことを叱りつけるのは意味がありません。

まず、一度本人に具体的に何をするかを伝えてみる必要があります。そして、それが実際にできるかどうか注意深く見守ることが必要です。

理解できたからできるというものではありません。

できないことは叱るのではなく、できるように教えていくことが大切です。

また支援が必要な子の不適切な行動は、**様々な環境要因によって不安と緊張状態になり、やむなく「してしまっている」**ということも多いのです。

そもそも不安や緊張があることで不適切な行動を起こしてしまっているのに、叱ることでさらに不安にさせたり、緊張させたりすることはいかがなものでしょうか。

しばしば、「支援支援と言うけれど、びしっと指導したらちゃんとできるようになった。」という声を聞くことがあります。その子にとって耐えがたい恐怖に対して萎縮することが、ちゃんとできるようになるということなら確かにそうかもしれませんが、本当に理解して、制御してできるようになるわけではありません。

叱ることは多かれ少なかれ、自尊感情を傷つける行為です。

そして、支援が必要な子は基本的に自尊感情が低いことが多いのです。

自尊感情を傷つけることで、その先生の前では萎縮して不適切な行動は減るかもしれませんが、他のところで不適切な行動を行ってしまう可能性が高くなります。

また、二次障害と呼ばれるさらに悪い状態になることも考えられます。

支援が必要な子に対して叱ることは、より慎重でありたいと思います。

もちろん、上記の例に当てはまらず、「分かっていてわざとしている」「できるのに怠けてやらない」ということや、集団のために叱らざるを得ないこともあるでしょう。

ただし、それは必ずしも適切な方法ではないということは理解しておいていただきたいのです。

「指導死」について考える

「叱る」ということに対してどうしても書いておきたいことがあります。

「指導死」という言葉、知っていますか?

いくつかの報道で、厳しい指導により子どもたちが自死を選んでしまうことがあることが世の中に知られました。

ただ、体罰ではなくても厳しい指導が子どもに死を選ばせるということは、報道こそされていませんが、以前からあったと言われています。

厳しい叱責、逃げ場のない指導。

その子の受け取り方にもよる部分があるのですが、それでもその子が絶望してしまうような指導になっていないか。常に叱る側は頭の片隅に置いておかなければならないのです。

私自身もこの年になってなお、年に何回かは厳しく叱責することがあります。

それでも若い頃から変わらず、「叱ってしまったあの子」が気になって仕方ないのです。

心が折れてしまってはいないだろうか。

絶望してはいないだろうか。

厳しい指導をした後、必ず家に電話を入れる。それでも気になる場合は家庭訪問をする。

子どもの命より大事な指導なんてありません。

子どものためを思って叱ることは大切だと思います。

ただ、やはり「叱ったその後」に思いをはせたいのです。

「もう学校で十分指導したので、お家で指導していただく必要はありません。よく反省もしていると思います。」

そう電話や家庭訪問で伝えた後に、繰り返し保護者の方にお願いします。

そこまで厳しい指導をしていなくても、それでもやっぱり私は気になるのです。

その子が最悪の結末を選んでしまわないか。

叱ったことが原因で不登校になってしまったという話を聞くことがあります。

しかし、その先に「死」という悲しい結末が待っていることも知っておくべきなのです。

第4章

子どものあるがままを「認める」心得

「認める」ことは子どもの自尊感情を育てます。受容的であるだけに忍耐も必要となりますが、子どもたちに安心感をもたらし、幸せな気持ちにさせる「認める」の心得、伝えます。

「認める」ことで生きる力を支える

「認める」ことは、子どもの自尊感情を育てます。

自己肯定感や自己有用感（何かを通して、自分は世の中の役に立っていると感じていること）は、「できたことをほめられること」で醸成されていきます。

それに対して、「自尊感情」は、「できなかったこと」「悪いところ」も含めて「丸ごと認めてもらえる」感覚です。

赤ちゃんや幼児の様子を思い浮かべてみましょう。


大きな声で泣いたら、よしよしとすぐに大人が飛んできてあやしてくれる。

おむつにおしっこやうんちをしたら、にこにこ笑いながら替えて快適にしてくれる。

転べば、「かわいそうに、大丈夫？」と声をかけてくれる。

わがままを言っても、そうかそうかとできるだけ言うことを聞いてくれる。

ほめられるようなことは何一つしていないのにも関わらず、「無条件に受け入れ、関わってくれる経験」が、子どもたちの「そもそも、この世に自分は存在してもよい存在なのだ」「良いところも悪いところも含めて自分は尊い存在なのだ」という感覚を形づくってくれます。

しかし、その感覚が十分ではなく、「足りていない」と感じる子どもたちもいます。

それは、必ずしも一生懸命育てられていない、愛情が足りていないということだけではないと思います。（もちろん、そういう場合もあることは承知の上で書いています。）

それは、注いでいる愛情の量ではなく、そもそもその子のもっている「愛情が注がれるコップ」の大きさが違うのではないかと私は考え、そして説明しています。

「足りていない」なら、その子に関わっている多くの人たちが、どんどん愛情を注ぎ込めばいいのです。

そして、そのコップに「愛情」を注ぎ込むことで、いつかその愛情が満ちあふれ、外にあふれ出した瞬間に、子どもたちの能動的な活動が始まっていきます。


不適切な行動を繰り返すのは、子どもに限りません。

大人になっても不適切な、あるいは反社会的な行動を繰り返す人がいます。

そういう人は、悪いことが分かっていないのでしょうか。

他者の感情を理解すること、想像することができないのでしょうか。

確かに、そういう例もあるとは思いますが、様々な事件の深層を垣間見る中で、やはりその根底にあるのは、「他者とのつながり感」の希薄さだと考えます。

言い換えれば、「認められ感」とでも言えばよいでしょうか。

秋葉原の事件然り、黒子のバスケの事件然り。

もう十年以上昔に読んだある雑誌に書かれていた、新宿にいる人たちを撮り続けている写真家の次のような一言が心に残っています。


ここには、悪い人はいない。寂しい人がいるだけだ。

繰り返します。

「叱る」「ほめる」だけでは、おそらく不十分なのです。

子どもを幸せに向かわせるためには、できないことも含めて「その存在を丸ごと認めてもらえる」ことが、関わりのその根っこに存在している必要があるのです。

不適切な行動や、できないことだけに注目してはいけません。

その子がそこにいることをまず認め、喜ぶ。

「あなたがここにいてくれてありがとう。」と言う。

よい行動も不適切な行動もない、何気ない日常の中でそうつぶやき、にっこり笑う。

もしかしたら、それだけでその子の人生は変わるかもしれない。

私たちは神様ではありませんが、それくらいのことならできるんじゃないかなと思います。

そして、その行為がその子の人生を支えることにつながるかもしれないのです。

ほめることの限界を知る

かつて私はひたすら「ほめ」「叱る」教師でした。

ただ、最初の頃は叱ることをフォローするためにほめていたような気がします。

つまり人は叱れば伸びるという考え方に立って指導していたのです。

自分自身の育ちをずうっと考えていても、叱られたことが頭に残っていて、叱られた自分を正当化してきたということなのでしょう。

しかし、少しずつ「ほめてコントロールする」という方向に指導がシフトしてきました。

その頃は、「ほめることは評価にしか過ぎない」と気づいていなかったのでしょう。

しかし、常に「評価にさらされる」子どもも、「評価し続ける」私も、そのプレッシャーは大きなものでした。

例えば、料理が得意な人がいます。そのそばで事細かく毎日のように「味付けが素晴らしい」「盛りつけがきれいだ」とほめ続けたとします。

よほど得意で、料理にこだわりがあればそのほめは有効に機能するかもしれませんが、日常の食事と考えると、そこまで事細かくほめられるとプレッシャーになりませんか？

ほめられ続けると疲れませんか？　そしてほめる方も疲れませんか？

学校は教え育てる場所ではありますが、その前に子どもたちが「暮らす」場所なのです。人は、誰かに評価されるために生きているわけではありません。

もちろん、人の評価は社会性の醸成という観点から必要不可欠です。

しかし、人の評価だけに従って生きているというのは、自分の人生を生きていないということにもつながっていきます。

自分の人生を生きる。

自己決定を認めることが、他者支配からの脱却のキーとなります。

私たちは神様ではありませんから、その子（と、その子の将来）にとって本当に正しいかどうかを判断するなんて無理です。

そのためには、自分自身を大切に思えることが大切なのです。誰かとの比較ではなく。

「認める」ということを逆説的に考える

それでもまだ「認める」って何だろうと自分なりに考えていく中で、いつしかその逆の「認めない」ってどういうことだろうと考え始めました。

みなさんは「認めない」って、どういう状況を思い浮かべますか?

少し書き出してみます。(みなさんもやってみてください。)

・頑張っているのに、認めない。
・何かをしているのに、認めない。
・そこにいるのに、認めない。
・学級にいることを認めない。

「認める」の語源は「見て、心に留める」ことです。

こちらが何かをすることがスタートではない。

何かをさせて、できるようになったのは、こちら側がスタート。

それは、基本的には「ほめる」ことを中心に行います。

もちろん、ほめる＝認める、認める＝ほめるということもあります。

ただ、こちら側が意図して明確に「認める」という場面は必要だと思います。
・頑張っていることを認める。結果はどうあれ。
・何かをしていることを、認める。それがたいしたことではなくても。
・そこにいることを、認める。目立たないように息を潜めていても。
・そこにいることを、認める。例えあなたがどんな子でも。
・学級にいることを認める。あなたがそこにいたいなら、あなたがどんな状況でも。
教師が主導権を握り続けた「ほめ」は、時にその子らしさを奪い支配していくことにつながります。

しかし、認めるの主導権は子どもにあります。それを私たちは受け取り続けるのです。

それを「受容」と言います。

「なるほど」の一言で、子どもたちを受け取ることができるかもしれません。

認めて安心させる

人間はそれほど強いものではない、と思います。

強いように見えても、実は耐えられなくて、歪みが生まれる。

私たち自身のことを考えても、不安なことや、失敗してうちひしがれることは、日常的にあるものです。しかし、その歪みは多くの場合は癒され、もとに戻されていきます。

でも、ちょっと考えてみましょう。草木が育つのは、なぜでしょうか。

水があり、空気があり、時に肥料を与えられ、暖かい太陽が光と暖かさを与えてくれる。

しかし、そこで忘れてはいけないのが、土です。

豊かな土がなければ、根を張ることができません。そして、その土とは安心です。

ほめられることで安心することもあります。しかし、繰り返しますが、ほめることは、多くの場合できたことに対して使われます。

それは評価という側面を常にもち、緊張感を伴います。

決してほめられること＝安心というわけではないのです。

安心を与えるために必要なのは、認めるという行為です。

今あることを認める。できないこともひっくるめて認める。短所も含めて認める。

そして、あなた自身がそこにいてくれて、ありがとうと認める。

「愛着障害」という言葉があります。「試し行動」という言葉もあります。

一見不適切に見えるそのエキセントリックな行動をとることで、その相手の愛情を確かめているのです。

「私を見て」「こんな私でも愛してくれる？」

そうまでして、人は人に丸ごと認めてもらえないと前に進めないのです。

多くの子どもたちには、必要ないように見えるかもしれませんが、多かれ少なかれ「認められたい」という本人も意識していない感情はあるものです。

その隙間をできる限り埋めていく。

それは、「認めること」で可能になると考えています。

あるものをほめる

何かしたことに対してコメントするのは案外難しいものです。

そこで、「認める」という行為の中でも、数少ない**教師主導の**「認める」方法を紹介します。

それは、「ただ、あるものをほめる」ということです。

言い換えれば、「本人が当たり前のようにしていること」や「姿そのもの」をほめるのです。

例えば、「耳の形がいいねえ。」とほめる。「立ち方が美しいねえ。」とほめる。「声がいいねえ。」とほめる。

努力しなくても、そこにあるものの価値を認めるのです。

道を散歩している時、何に注目するかは実はその人次第です。

同じ道を歩いていても「何もないつまらないところだなあ」と思う人もいるでしょうし、「あ、こんなところに小さい花が咲いている」と、なんてことのない花に注目して幸せな気持ちになる人もいるでしょう。

いや、そもそもその道があることに感謝している人もいるかもしれません。

子どもを認めるとはそういうことなのかなと、私は思います。

忙しい。でも、子どもを伸ばしたい、伸ばさなくてはならない。

そういう気持ちはよく分かります。

ただ、ふっと手を止めて実はそこにある「小さな美しい花」の良さに気づきましょう。

そして、そもそも「そこに花が咲いていること」に感謝しましょう。

子どもを見るときに、そういう視点をもつことが実は「認める」ことにつながっていくのです。

ただ、おもしろいことに認められることによって、その良さをより具体的にしようと子どもたちは、能動的になっていくのです。

自分らしさを発揮しながら。

「待つ・見守る・関わる」姿勢を心がける

「認める」という行為において、私たちは徹底的に「受け手」です。

彼らの行為に対して「待つ」「見守る」という場面は非常に多いのです。

「いつになったら勉強するの！」

「今やろうと思ったのに。もうやる気なくなった！」

そんなやりとりを子どもの頃にしたことがある方は少なくないのではないでしょうか。

だからといって、そういう状態に特効薬はないのですが、結局やらないなら叱り損です。

そういう場合は、「宿題をやりたい」「宿題はやる」という気持ちをしっかりもてるような手立てや、ルーティーンをつくっていくようにしていくことが大切です。

さて、ここでは宿題のことを言いたいわけではなく、こういうケースで大切なのは、「信じる」ということです。

裏切られても、その場はがっかりして「次頑張ろう」と言えばいいんです。

具体的に目標を一緒に決めてみる。そして、またできなくても同じように繰り返す、あきらめずに。

彼らの努力を待つ。そして、失敗を見守る。教師はそれを常に意識に留めておくのです。


「なかったことにしない」

うまくいかなかったとしても、そうやって寄り添ってもらえることで、やってきたことに幾ばくかの納得を得ることができるでしょう。

「ワタシハ、ウマクイカナクテモ、デキナクテモ、ココニイテイイノデスカ。」


その問いに、教師は待つことで、見守ることで応えることができるのです。

ともすれば、私たちはすぐに結果を求めてしまいそうになります。

「なぜできないのか」という問いを、子どもたちに投げかけようとします。

しかし、何かができるかどうかは、人生のわずかな部分にしか過ぎません。

しかも、まだ所詮子どもです。何ができたかよりも、大切なことがたくさんあります。

待つこと、見守ること。それは、子どもの成長を信じることなのかもしれません。

見て、聞いて、気にかける

「見て」「聞いて」は子どもたち自身は意識していないけれど、非常に重要な欲求です。「ただ見ているだけ」「ただ聞いているだけ」

単純なようだけれど、実は子どもたちにとってすごく大切な時間なのです。

学校現場は本当に忙しく、なかなかそういう時間がとれないかもしれませんが、それでもなお、「ただ見ている」「ただ聞いている」ことを大切にしたいものです。

小さい学年の子がひっきりなしに話に来ます。

そういう時は、「まず○○さんね。次は△△さん。」というように順序を決めてみましょう。

そして、ちょんとその子の袖をつかんでみる。

時々、一瞬だけ待っている子と目を合わせてみる。

待つのが苦手であっちに行ってしまう子がいるかもしれません。

それはそれでいいのです。聞こうとしているかどうかが、まずは大切。

ただ、「うんうん」とうなずく。子どもが言ったことにオウム返しする。

次の機会に「あの時さあ、何を言おうとしていたの？」「どんな話をしようとしていたの？」と再度聞けばいいのです。

「もういいや」と言う子もいるかもしれませんが、それでも「気にかける」ことで、その子はほんの少しでも「ここにいていい」と思えるのではないでしょうか。

特別な時間を設定するのも効果があります。

学校で決まっている「教育相談」の時間だけでなく、学級での「教育相談」ならぬ、「おしゃべりタイム」をつくってみるのもよいでしょう。

そのことだけの内緒の話ができるともっと楽しいでしょう。（これは、深刻な話ではない方がいいです。）

なかなか話がしづらい子から話を引き出すには、共通の話題を見つけることで話ができることもあります。

日記などで、その子が話しやすそうな話題を知っておくとよいでしょう。

独り言のようにつぶやく

子どもたちが夢中で何かしている。

あるいは、とてもいいことをした。


そういう時に「いいね。」「えらいね。」と光を当てる。

学級全体のことを考えると、それは指標となり、モデルとなります。

ただ、個を認めるということを考えると、もっとミニマムな方法の方がフィットするような気がするのです。

「ほめる」という行為は、意図するにしろ、しないにしろ、「全体」に関わる行為となることが多いです。

その一方「認める」という行為は、多くの場合「個」、つまりプライベートな行為となることが多いのです。

そう考えると、その子にだけ届く言葉、その子が自分でつかみ取ろうとする伝え方の方が適しているのかも知れません。

「つぶやく」という行為は、耳をそばだたせることを前提とします。

小さな声で独り言のようにつぶやいてみましょう。

「ふうん、すごいな。」と。

そのすごい中身は言わなくてもいいのです。

いや、言わない方がいいのかもしれません。

その方が、その子の中で「何がすごいんだろう」「あれかな」「これかな」と、プラスの想像を膨らませます。

もちろん、「何がすごいの？」と聞かれたら、具体的に伝えればよいでしょう。

きっかけは教師でも、結果的に子どもは「自分を受け止めてもらった」「見てくれている」と感じるでしょう。

失敗や過程を認める

「認める」ことは、その子のマイナスを含めた全てを丸ごと認めるということです。

苦手なこと、できないこと、短所。

つい、自分でもばつが悪く先生の顔を見る。

かといって、他の子に損をさせているわけではない。

そういう時に目を見てにっこり笑う。

あるいは、小さくうんとうなずく。

それだけでほっとすることってありませんか。

また、チャレンジした姿を認めることは、もっと大切です。

私は子どもたちによく次のような話をします。

「失敗しない一番の方法は、挑戦しないことです。やらなければ、挑戦しなければ目に見える失敗はしません。でも、ちょっと待ってください。その人は成功するでしょうか。決して成功することはありません。挑戦してください。そして、失敗してください。それは、失敗かもしれないけれど、成功に向かう第一歩だと先生は知っています。そして、そういう姿はやっぱり美しいと思うのです。」

失敗を認める。

その子のマイナスを認める。

それが、きっとその子の「勇気」となるのです。

そして、「任せる」は、その子への信頼を表します。もちろん、失敗すればフォローするし、その挑戦を称揚します。

その上で「ありがとう」と伝える。

「ありがとう」こそ、認めるための最高の言葉だと私は思っています。

そして、それはその子とその子の行為を「認める」ことにつながっていきます。

子どもに「ありのままの君が好き」と言う

もちろん恋愛感情を伴った「好き」ではありません。

もちろん容姿に対しての「好き」でもありません。

「君のそういう優しいところが好き。」

「そうやって頑張ってるところが好き。」

「立ち方が好き。」

「話し方が好き。」

「○○が好き」と話す時に言う、○○はきっとほめる時とは違うでしょう。

「好き」と言う時には、そもそもその子がもっているものに対しての何かを思い浮かべるでしょう。

できたことではなく、もともともっているもの。

ここでもやっぱり最強なのは、「何となく」です。理由なんてなくてもいいのです。

ただ、何となく好き。

口に出さなくても、そういう感情は伝わります。

いや、きっと何らかの行動やしぐさに表れるでしょう。

その行動やしぐさはきっと子どもたちを「認める」ことにつながります。

もし、苦手だなあと思う子がいたとしても、何度も何度もその子のことが「何となく好きだなあ」と思ってみましょう。

きっと、その子を見る目が変わってくるに違いありません。

そして、時々全員の前で口に出してみましょう。「みんな大好き！」と。

低学年なら何のてらいもなく言えるでしょう。

もし高学年ならほんの少し前置きも必要だし、場も考える必要はあるでしょう。子どもたちに何か求めた時、子どもたちとそもそもすごくいい関係の時、ぜひかみしめるように、あるいは大きな明るい声で言ってみるといいかもしれません。

ベタですが、そういうことって案外大切だったりするのです。

子どもの心の「揺れ」を見守る

子どもの心の「揺れ」は、必ずしも悪いことではありません。

もちろん、伸びていこうとしている揺れならそれが一番よいのですが、こちらが思うような方向でなくても、何かしようとしていることは、子どもが伸びるという観点から考えると、そのままで変わろうとしないこと（居着こうとすること）よりよいと考えます。

というより、そのまま変わらないということはなかなかなくて、たいていの場合、もとの状態よりダメになることが多いのです。

情動の揺れは変化の前触れです。

何もなくやり過ごそうとしている子は、目立ちませんが案外多いものです。

よくも悪くも「今まで通り」に過ごそうと思っている子（いや、それすら考えていない子）も、目立ちませんが案外多いのです。

今の状態に不満をもっていても、今の状況を自ら変えようと考える人は、そんなに多くありません。

ましてや、それを行動に移そうとする人はさらに少ないものです。

「今まで通り」はかなり強力な行動論理なのです。

しかし、「やりたくねえな。」と口に出す。

「これ嫌い。」と口に出す。あるいは態度に出る。

そういうマイナスの言動は、居着いている状態から、情動が動き始めたものとみると、少し見方が変わります。

「大丈夫じゃない?」「できるんじゃない?」「手伝おうか?」「この方法ならどう?」

プラスの声かけを少しずつしていくことで、動き始めた情動もプラスに向かいます。

動き始めればチャンス。揺れないのが、一番困るのです。

そして、揺れ始めたらその小さな芽に、小さくアクションを起こして、後は見守る。

最初は小さな小さな揺れでも、いつか大きなプラスの揺れに変わる可能性があるのです。

「ありがとう」と言う

「ありがとう」は力のある言葉です。

そして、対等な関係の言葉です。その行為に対する判断は、その子に委ねられます。

その行為を「認め」、価値をつけ、感謝する言葉です。

「ありがとう」という言葉を、教師自身が口癖のように使っていきましょう。

「ものをとってくれてありがとう。」

「手伝いをしてくれてありがとう。」

「たくさん発表してくれてありがとう。」

「じっと話を聞いてくれてありがとう。」

「友達を助けてくれてありがとう。」

他者に対する尊重の態度を、教師自身が体現する姿を見てもらうのです。

そうやって認めることを子どもたちの前で見せ続けるのです。
子どもたち同士にも、その輪は広がっていきます。

満ち足りれば、他と分かち合う。

教育活動全てに言えることなのかもしれませんが、「ありがとう」はシンプルだからこそ、その広がりは分かりやすいものになります。

私自身、もっと根本的なところで「ありがとう」という言葉を使うことがあります。
「この教室にあなたがいてくれて、ありがとう。」

頼りにする

「○○してくれる?」

しばしば「ありがとう」とセットで使う言葉です。

これも、子どもたちの存在を認めることにつながります。

「頼りにしているよ。」

そう直接的に伝えることがあります。

「頼りにしていい?」

そうたずねることがあります。


頼りにされる存在である。

子どもたちは、その言葉で自分の立ち位置を確かめ、この場所にいていいのだと安心することができます。

もしかしたら、戸惑ったような顔をすることがあるかもしれません。

もしかしたら、一見いやそうだなという顔に見えるかもしれません。

でも、それはそれまで頼りにされていないという環境の裏返しかもしれません。

時を見て、子どもたちに伝えてみてください。

「頼りにしているよ。」と。

認めて信頼を得る

ある学校に転勤したばかりの時のことです。

初めて出会った彼は帽子を斜めにかぶり、少し斜に構えた格好で私に近づいてきました。

彼との初対面で、私の口から最初に出てきたのは次の一言でした。

「いい面構えをしているな。いいな。」

実は、その学級は毎年何人も校長室に呼ばれる子がいる学級で、その子も中心的な子どもの一人でした。

しかし、その一言で彼は、私を信用し、一目置いてくれたのでしょう。

一年間、学級のために力を注ぎ、別人のように活躍し続けました。

その子のありのままを認め、ほめる。

実は、この「いい面構えをしているな。」という一言は、かつて参加したセミナーの懇親会で講師の先生に私自身が言われた一言です。

「いい面構えをしているな。」

まだ若かりし頃、ふてぶてしくがさつで粗野な勢いが表情にも満ちていたのでしょう。

ネガティブにとらえられても仕方ない表情だったと思います。

しかし、その時の私を見て、彼は開口一番「いい面構えをしているな。」とほめてくださいました。

信頼してもらう方法は本当にいろいろあります。

もちろん、凛とした雰囲気と威厳をもつ、あるいは、子どもたちにすごいところを見せる。

そういう方法もあるでしょう。

しかし、その年は子どもたちを認め、ほめることも、信頼してもらうことにつながることを感じた一年間になりました。

もちろん、その時に私は決して信頼してもらおうとしてほめたわけではなく、ただ、その子をほめ、認めたかっただけなのですが。

苦手さのある「あの子」こそ認める

自尊感情が低い教室の「あの子」にこそ、認めることは必要です。

にっこり笑う。

「大丈夫だよ。」と言う。

握手をする。

失敗しても「いいよ。」と許す。

そうして認められ安心した子は、少しずつ落ち着いた行動を見せるようになります。

教室のあの子が、不適切な行動を見せる背景の多くは「緊張」と「不安」です。

きっとその子にもうまくいかなかったこともたくさんあったでしょう。

いらいらすることもあるでしょう。

でも、だからこそ「大丈夫。」とそのマイナスの状態を認めることで、「こんなぼくでもいいんだ。」「ここにいてもいいんだ。」と安心していきます。

叱るのはかなり効果が低い方法です。

そして、ほめるのも、彼らにとってすごく大切なワクワクやドキドキは得られますが、「安心感」をもたせることはできません。

やっぱり一番大切なのは、その子のマイナスも、プラスも愛し、かわいいと思い認めていくことなのです。

教師の多様な見方で「認める」ことができ、場によって、行動の評価は変わります。

「じっと座っている」のが得意な「あの子」は、じっと座っていることを認めましょう。

「動き回っている」のが得意な「あの子」は、動き回る学習活動をたくさん設定し、認めましょう。

「話したくて話したくてたまらないあの子」「友達に関わりたくて関わりたくて仕方ないあの子」には、「学び合う」場をふんだんに確保しましょう。

そうすることで、それまでマイナスに思えていたことが、素晴らしい「宝」だと、先生ご自身が認めることができるのではないでしょうか。

頑張りすぎてはいけない

頑張りすぎている先生をしばしば見ます。

「できている」「できていない」とは、無関係です。

そもそも、ほめられるような「できている」「できていない」なんか、比較でしかありません。

結局、他者評価であり、競争でしかありません。

社会の中で生きていく上では、それはそれで大切にしていくことではありますが、それが一番だとは思えません。

ある程度、学校で仕事ができていれば、ちょっとその辺りの「感情」を手放してはみませんか?

上には上がいます。比べている限り、「ゴール」はありません。

心のどこかで「あきらめる」ことは大切です。

努力しても、みんながみんなスーパーマンになれるわけではありません。

そして、体力も精神力も時間も、有限です。

目の前のことには真剣に取り組む。

もちろん、周囲から見た自分のあり方や仕事の仕方も考える。

それでもなお「力及ばず」の時には、あきらめましょう。

そう繰り返す先生方をここ数年たくさん見てきたように思います。

「大丈夫、大丈夫。」

間違いなく頑張りすぎです。

そういう先生方にこそお伝えしたいことがあります。

今の自分を認めてあげてください。

そうして、安心することで、初めて自分のために、自分に合った方法で、前に進むことができるのです。

そして、そんな弱さも含めた自分を認めることができるようになった時、きっと今以上に子どもたちの今に寄り添い、認めることができる先生になっているでしょう。

【著者紹介】

南　恵介（みなみ　けいすけ）

1968年岡山県生まれ。岡山県和気町立藤野小学校教諭。
中学校，小学校講師での勤務を経て，小学校教諭となる。人権教育，特別支援教育をベースとした学級経営に取り組んでいる。子どもたち一人一人を伸ばすための，多様な学びのあり方について研究を進めつつ，試行錯誤しながら実践している。
著書に『学級を最高のチームにする！　365日の集団づくり　５年』（明治図書），共著に『自ら向上する子どもを育てる学級づくり　成功する自治的集団へのアプローチ』，『「ゆさぶり発問」の技』（全て明治図書）などがある。

子どもの心をつかむ！指導技術
「ほめる」ポイント「叱る」ルール
あるがままを「認める」心得

2017年３月初版第１刷刊　©著　者　南　　　　恵　介
2020年７月初版第４刷刊　　発行者　藤　原　光　政
発行所　明治図書出版株式会社
http://www.meijitosho.co.jp
（企画）佐藤智恵（校正）川崎満里菜
〒114-0023　東京都北区滝野川7-46-1
振替00160-5-151318　電話03(5907)6703
ご注文窓口　電話03(5907)6668
＊検印省略　　組版所　株式会社アイデスク

Printed in Japan　ISBN978-4-18-241716-0